CLÉS POUR LA FRANCE
LA FRANCE
EN 80 ICÔNES CULTURELLES

Denis C. MEYER

Docteur en littérature comparée
Professeur et directeur du programme d'études françaises
Université de Hong Kong

hachette
FRANÇAIS LANGUE ÉTRANGÈRE

www.hachettefle.fr

SOMMAIRE

ISBN : 978-2-01-155736-0
© HACHETTE LIVRE, 2010 43 quai de Grenelle, F 75905 Paris Cedex 15, France.
http://www.hachettefle.fr

AVANT-PROPOS

Clés pour la France est un ouvrage qui rassemble 80 textes originaux proposant une sélection d'icônes culturelles françaises.

Les icônes culturelles sont des figures emblématiques qui jouent un rôle central dans la construction de l'imaginaire collectif et la formation du sentiment d'appartenance culturelle. Personnages, objets, évènements, rituels ou idées, les icônes sont omniprésentes, elles apparaissent dans les lieux publics, les institutions, la langue, les œuvres, le système éducatif, les médias, les conversations, les pratiques sociales, les produits culturels et de consommation. Ce sont des référents partagés, dont les significations explicites et implicites sont connues de tous. C'est le degré de familiarité qu'un individu entretient avec ces icônes qui détermine l'étendue de sa relation à sa propre culture, ou encore l'intensité de son rapport à une culture étrangère.

Certaines de ces icônes, comme le vin de bordeaux, les escargots, Audrey Tautou, Vuitton ou Chanel, font partie de la représentation générale de la France et des Français, elles opèrent comme des identifiants, des images immédiates, elles participent aussi à la production de lieux communs sur ce pays. D'autres icônes en revanche, comme le Goncourt, la « rentrée », l'abbé Pierre, les Guignols ou la 2CV, sont plus généralement ignorées à l'extérieur des frontières, mais elles ne concourent pas moins au sens d'appartenance culturelle et à la mémoire collective.

Les 80 icônes présentées dans cet ouvrage sont réparties en six catégories, elles ont été choisies pour leur représentativité, la fréquence de leur occurrence dans la langue et dans la vie quotidienne. La liste est naturellement loin d'être exhaustive, mais tout en présentant un échantillon essentiel, cette sélection fournit l'occasion, en considérant chaque icône comme une entrée thématique, d'explorer des champs variés de la culture et de la société françaises.

Les textes adoptent un *regard éloigné* sur ces objets culturels, c'est-à-dire une perspective externe qui souligne la manière dont ces icônes contribuent à l'identité collective. Les textes s'interrogent aussi sur la façon dont ces icônes sont perçues par les Français eux-mêmes, ainsi que sur leur valeur stéréotypique parfois.

D.C. Meyer

CONSEILS D'UTILISATION

Cet ouvrage souhaite offrir aux lecteurs le maximum de souplesse dans son usage ; tout en pouvant s'adapter à des apprenants en autonomie, l'ouvrage se prête également à deux types d'utilisation en classe :

■ *Comme matériel de base qui structure un cours de culture française enseigné en langue cible.* Les icônes s'insèrent alors dans le cours pour présenter, illustrer ou faire écho aux thèmes abordés (vie quotidienne, alimentation, éducation, histoire, espace, politique, économie, travail, société, fêtes et évènements, célébrités, etc.).

■ *Comme matériel complémentaire au manuel pour un usage ponctuel dans un cours de langue.* Le traitement d'une icône particulière est alors lié aux thèmes et situations rencontrés dans le manuel. Il est en effet aisé de mettre en rapport les différents éléments d'un manuel avec l'une ou l'autre des icônes proposées dans l'ouvrage.

Les textes présentés dans cet ouvrage ne suivent pas un ordre linéaire basé sur une échelle de difficulté ou une progression thématique. Autrement dit, il n'existe aucun inconvénient à traiter un texte de la première partie puis enchaîner, par exemple, sur un autre de la troisième ou de la sixième partie. Par ailleurs, même si chaque texte a été indexé par rapport au Cadre Européen Commun de Référence pour les Langues (CECRL) (*voir Index p. 190*), les activités élaborées autour des textes, en particulier celles de prises de parole et de propositions de recherche, restent exploitables à différents niveaux.

Les figures iconiques, conçues comme autant d'éléments solidaires et syntaxiques d'une *grammaire culturelle*, permettent deux approches simultanées : une lecture textuelle, qui s'accomplit à travers la série des 80 textes, opérant comme des ouvertures sur des aspects variés de la culture et de la société françaises ; et une lecture contextuelle, qui permet de dériver d'une part sur les contenus implicites des icônes et d'autre part de souligner leur nature intertextuelle et hypertextuelle.

À cet effet, une cartographie (*voir p. 181*), est placée en fin d'ouvrage pour montrer les contiguïtés, les affiliations et les points de référence qui existent entre les icônes : partant du texte « république » par exemple, il est aisé, par le jeu citationnel, de poursuivre sur différents textes autour de symboles nationaux (Légion d'honneur, Marianne, la Marseillaise, etc.), de personnages (de Gaulle, Jeanne d'Arc, Gainsbourg ou Astérix), de rituels ou pratiques sociales (la galanterie, les vacances, la rentrée), d'institutions (Pôle Emploi, Académie française) ou encore de moments historiques (châteaux de la Loire, Mai 68).

Les textes sont rédigés avec clarté et concision. La syntaxe est contrôlée, le vocabulaire est soutenu, s'appuyant sur des transparences favorisant l'intercompréhension lexicale et structurale. La brièveté des textes, entre 150 et 250 mots, permet une lecture et une exploitation contenues dans un cadre temporel succinct, tout en suscitant chez le lecteur un sentiment d'aboutissement et de gratification.

Les activités autour des textes comprennent trois parties qui correspondent chacune à des objectifs distincts :

■ *Lire* : Il s'agit de vérifier la compréhension au moyen de questions qui suivent en général la progression de la lecture. Les questions servent aussi à poser des repères sur les points importants du texte, tout en indiquant des reformulations qui facilitent l'enrichissement lexical et syntaxique.

■ *Parler* : Cette partie offre des points d'ancrage pour des discussions autour des thèmes qui émergent de la lecture du texte. De nombreuses questions suscitent la mise en rapport des icônes avec les cultures du monde ; des propositions (contradictoires, voisines, complémentaires) sont également proposées, permettant la confrontation d'opinions et d'idées. Enfin, d'abondantes citations invitent à la réflexion en marge des thèmes.

■ *Rechercher* : Cette partie complète la lecture du texte et les discussions en invitant les participants à faire de brèves présentations sur la base d'une recherche préalable. Les recherches portent généralement sur des informations complémentaires ou connexes aux textes, ainsi que sur de nombreuses expressions imagées de la langue, des idiotismes, des proverbes en rapport plus ou moins distant avec le thème du texte.

À la fin de chaque partie, une page « Pour faire le point » permet d'identifier, à l'aide de courtes séquences, la plupart des icônes traitées dans cette partie. Ces séquences peuvent être utilisées comme outil de vérification ou bien comme introduction à l'icône étudiée.

Enfin, l'ouvrage est doté de plusieurs documents en annexe : une carte de France et un plan de Paris, qui permettent le repérage spatial des icônes ; une cartographie des icônes (voir plus haut) ; les réponses aux questions « Lire » de chaque texte ; les réponses aux séquences « Pour faire le point » ; un index alphabétique indiquant le niveau CECR pour chaque texte.

ALIMENTATION, GASTRONOMIE

APÉRITIF

L'apéritif, qu'on appelle aussi l'apéro, est avant tout un rituel social, il a lieu avant les repas, déjeuner ou dîner. On prend l'apéro au café ou à la maison, avec des amis, en famille.

Le prétexte de l'apéritif est d'ouvrir l'appétit, de préparer au plaisir du repas. Les boissons traditionnelles sont le pastis, le martini, le porto, le kir (mélange de vin blanc et de sirop de cassis), des cocktails ou tout simplement un jus de fruits pour ceux qui ne boivent pas d'alcool. Les boissons sont servies avec des cacahuètes, des petits biscuits salés, des olives ou toutes sortes de bouchées imaginées par les hôtes. Parfois, l'apéro peut même se substituer au repas.

On arrive chez des amis « à l'heure de l'apéro », c'est-à-dire bien avant le repas. Ce moment passé ensemble est l'occasion de conversations générales et détendues entre les convives ; mais si la discussion touche un sujet controversé, comme c'est souvent le cas, les débats peuvent devenir rapidement animés et bruyants.

Lexique

rituel (n.m.) :
une coutume, une habitude
avoir lieu (loc.v.) :
prendre place, se dérouler
prétexte (n.m.) :
un motif, une intention
se substituer (v.) :
remplacer
détendu (adj.) :
relaxé, décontracté, amical
convive (n.m.) :
un invité, un participant
controversé (adj.) :
qui est l'objet de disputes,
d'opinions contradictoires
bruyant (adj.) :
qui fait du bruit

Autour du texte

Lire

1. Quand prend-on l'apéritif ?
2. Pour quelle raison prend-on l'apéritif ?
3. Où prend-on l'apéritif et avec qui ?
4. Prend-on seulement des boissons
   alcoolisées en apéritif ?
5. Que peut-on manger avec l'apéritif ?
6. Quelle est l'ambiance d'un apéritif ?

Parler

■ « On ne prend l'apéritif qu'en France » :
vrai ou faux ?
■ Commentez cette proposition :
- L'apéritif est un « rituel social ».
■ Citez des sujets de conversation
qui peuvent entraîner des controverses,
des disputes.

Rechercher

■ Les régions d'où proviennent le porto,
le pastis, le kir.
■ D'autres boissons communes pour l'apéritif.
■ L'origine du mot « apéritif ».

BEAUJOLAIS NOUVEAU

Le vin a une fête, c'est celle du Beaujolais nouveau. Cette fête a lieu chaque année dans le cadre d'une stricte législation, d'un rituel méticuleusement réglé et d'une organisation commerciale de grande envergure. Le troisième jeudi du mois de novembre, des millions de bouteilles de beaujolais nouveau sont livrées dans les bars et restaurants de France et partout sur la planète. Des panneaux et des affiches proclament alors que « le Beaujolais Nouveau est arrivé ! »

La particularité du beaujolais est qu'il est bu très jeune, immédiatement après sa fabrication. Il est léger, tendre et fruité, d'un rouge transparent, il contient très peu de tanins et c'est pourquoi tout le monde l'apprécie. On le déguste au son de l'accordéon et des chansons. C'est un vin qui réunit, qui appelle à la fraternité et aux agapes joyeuses.

Sur tous les continents, l'arrivée du nouveau cru est célébrée autant qu'en France. En Inde, on transporte les caisses de beaujolais à dos d'éléphant, les Américains associent désormais le beaujolais au Thanksgiving Day, alors qu'à Hakone, au Japon, un hôtel organise des bains au beaujolais auxquels sont conviés les résidents.

Lexique

cadre (n.m.) :
les limites, le contexte
méticuleusement (adv.) :
précisément,
minutieusement
réglé (adj.v.) :
ordonné, organisé
envergure (n.f.) :
une dimension,
une ampleur
tanin (n.m.) :
une substance organique
existant dans les végétaux
agape (n.f.) :
un banquet, un repas
entre amis
cru (n.m.) :
le vin de l'année
désormais (adv.) :
maintenant
alors que (loc.conj.) :
tandis que (exprime
la simultanéité)
convier (v.) : inviter

Autour du texte

Lire

1. La fête du beaujolais, c'est quand ?
2. Pourquoi peut-on dire que la fête du beaujolais est une fête universelle ?
3. Comment la fête du beaujolais est-elle annoncée ?
4. Quelles sont les caractéristiques du beaujolais ?
5. Quelle est l'ambiance de la fête ?
6. Aux États-Unis, quelle fête a lieu en même temps que celle du Beaujolais ?
7. Où peut-on se baigner dans du beaujolais ?

Parler

■ Citez des boissons nationales et internationales emblématiques.
■ Présentez une fête typique d'un pays, autour d'une boisson ou de produits alimentaires.

Rechercher

■ La région du beaujolais, sa situation géographique, son histoire, son économie.
■ « Une chanson à boire » française.

CAFÉ ET CROISSANT

e duo idéal qui compose le petit déjeuner se prend parfois à la maison, mais surtout au café : debout au comptoir, si on est pressé, ou assis dehors en terrasse, si on a du temps, avec le journal du matin.

Le croissant doit être encore chaud, sorti droit de chez le boulanger, légèrement croustillant à l'extérieur, onctueux à l'intérieur. Pour le café, il existe des options : on le prend noir ou « expresso » (surtout après le déjeuner), court ou allongé, parfois double, avec ou sans sucre. On peut y mettre aussi une goutte de lait, c'est alors un « noisette », ou si l'on veut plus de lait, on demandera un « crème ».

Le croissant est probablement d'origine viennoise, mais les boulangers français lui ont apporté cette texture feuilletée qui le caractérise si bien. Quant au café, les Italiens en font incontestablement un bien meilleur. Toutefois, rarement deux produits étrangers ont été à ce point « naturalisés » en France pour en faire un couple aussi réussi.

Lexique

comptoir (n.m.) :
le bar d'un café
droit de (adv.) :
directement
croustillant (adj.) :
qui craque légèrement
sous la dent
onctueux (adj.) : doux,
moelleux
viennois (adj.) :
qui se rapporte à Vienne,
en Autriche
texture (n.f.) :
une forme, une
composition, un aspect
feuilleté (adj.) :
une pâte formée de fines
feuilles superposées
quant à (prép.) :
en ce qui concerne
incontestablement (adv.) :
sans doute, certainement

Autour du texte

Lire

1. À quels lieux le café et le croissant
   sont-ils associés ?
2. Où peut-on acheter des croissants ?
3. Quelles sont les qualités d'un bon croissant ?
4. Quelles sortes de café peut-on
   commander ?
5. Le croissant est-il une « invention »
   française ?
6. Quel pays a la réputation de faire
   un très bon café ?

Parler

■ Présentez un petit déjeuner typique
de deux régions très différentes du monde.
■ Que préférez-vous : le thé ou le café ?
Pourquoi ?
■ Quelles sont les régions du monde où l'on boit
du thé ?

Rechercher

■ Les variétés de croissants en France.
■ L'origine du mot « croissant ».
■ L'origine du café, sa production dans le monde.

CHAMPAGNE

Pas de fête sans champagne. Ce vin blanc pétillant, produit dans la région de Reims, est plus qu'une boisson, c'est un signe, il est associé aux évènements exceptionnels : mariage, naissance, anniversaire, promotion, succès, victoire, réunion... Le champagne apporte une dimension symbolique nécessaire aux instants heureux et mémorables de la vie.

Chaque année, la région Champagne fabrique plus de 300 millions de bouteilles, la moitié environ est exportée dans le monde entier et le reste est vendu en France. On ne boit pas du champagne tous les jours cependant, son prix en fait un produit de luxe.

Ouvrir une bouteille de champagne nécessite un rituel approprié : d'abord, on enlève délicatement la partie supérieure du colleret de papier brillant ; on défait ensuite doucement le muselet de fer qui capture le bouchon. Il faut retirer lentement celui-ci du goulot et maîtriser l'explosion d'une main experte car un bouchon sous pression peut atteindre une vitesse de 50 km/h ! Finalement, le vin mousseux et ambré est distribué dans toutes les flûtes.

Le moment est alors venu pour les convives de trinquer et de dire joyeusement « santé ! » à tout le monde.

Lexique

pétillant (adj.) :
effervescent, qui produit des bulles

colleret (n.m.) :
le papier qui couvre le col de la bouteille

muselet (n.m.) :
le fil métallique qui maintient le bouchon

goulot (n.m.) :
le col de la bouteille

mousseux (adj.) :
qui fait des petites bulles, écumeux, spumescent

flûte (n.f.) :
un long verre spécial pour le champagne

convives (n.m.pl.) :
les invités

trinquer (v.) :
choquer son verre contre un autre avant de boire

Autour du texte

Lire

1. Dans quel endroit en France le champagne est-il fabriqué ?
2. Quelle est la particularité de ce vin ?
3. À quel type de célébrations le champagne est-il associé ?
4. Quelle est la production annuelle de champagne ?
5. Pourquoi peut-on dire que le champagne est un produit de luxe ?
6. Pourquoi est-il préférable de ne pas laisser exploser le bouchon lorsqu'on ouvre une bouteille de champagne ?
7. Dans quel type de verre boit-on le champagne ?
8. Que dit-on en trinquant ? Pour quelle raison ?

Parler

■ Présentez un symbole, un objet, un rituel associés à la fête, au succès, à la gaieté.
■ Expliquez le sens de cette phrase attribuée à Napoléon : « Je ne peux vivre sans champagne, en cas de victoire, je le mérite ; en cas de défaite, j'en ai besoin ».

Rechercher

■ Les grandes marques et les différents types de champagne.
■ Les étapes principales de la fabrication du champagne.

CHEFS

Depuis Marie-Antoine Carême (1784-1833), « le roi des chefs et le chef des rois », depuis les méditations de Brillat-Savarin sur l'art culinaire (1825) et les milliers de recettes du Guide culinaire d'Auguste Escoffier (1904) qui ont inspiré les chefs du 20ᵉ siècle, la gastronomie française n'a pas cessé d'innover, de proposer de nouveaux goûts, de nouvelles compositions.

La première génération des maîtres à toque blanche qui s'affairent dans les cuisines et viennent saluer les clients au moment du dessert sont des légendes : Fernand Point à Vienne, au sud de Lyon ; les frères Troisgros à Roanne ; Raymond Oliver au Grand-Véfour de Paris ; Alain Chapel à Mionnay ; Paul Bocuse, le « pape de la cuisine », à Lyon.

La génération suivante, celle de la « post-Nouvelle Cuisine », s'exporte beaucoup : Joël Robuchon possède une douzaine de restaurants en Europe, aux États-Unis et en Asie ; Alain Ducasse dirige un empire global qui comprend des restaurants, une école de cuisine et une maison d'édition ; Pierre Gagnaire, initiateur de la fusion des saveurs et de la « cuisine moléculaire », s'est installé à Las Vegas... Quant à Marc Veyrat, le plus insolite des chefs contemporains, célèbre pour son grand chapeau noir, promoteur des plantes et de l'agriculture biologique, il préfère rester en Savoie mais sa réputation est mondiale.

Deux publications très respectées observent, commentent et évaluent le monde des chefs : le Guide rouge Michelin, qui distribue des étoiles, et le Gault Millau, qui attribue des notes de 10 à 20. Moins de 70 restaurants dans le monde bénéficient de la précieuse mention 3 étoiles, dont environ deux douzaines en France.

Marc Veyrat

Autour du texte

Lire

1. Quel est le nom d'un des plus célèbres précurseurs de la « Haute Cuisine » en France ?
2. Quel a été le rôle historique d'Auguste Escoffier pour la cuisine française ?
3. Que portent les chefs sur la tête ?
4. Qui sont les chefs qui représentent la « Nouvelle Cuisine » française ?
5. Quelle est la particularité des chefs de la cuisine contemporaine en France ?
6. Pourquoi Marc Veyrat se distingue-t-il des autres chefs ?
7. Par quelles instances les restaurants sont-ils « classés » ?
8. Quelle est la distinction la plus prestigieuse pour un restaurant ?

Parler

- Présentez un pays ou une région célèbre pour sa cuisine et une recette ou un plat représentatif.
- Exprimez votre opinion sur ces propositions :
- La cuisine est un art, comme la peinture, la littérature ou la musique.
- Il est inutile de cuisiner, c'est une perte de temps.
- Que pensez-vous de cette remarque de Molière : « Il faut manger pour vivre et non pas vivre pour manger » (*L'Avare*, 1668) ?

Rechercher

- Une citation du livre de Brillat-Savarin.
- La philosophie de la « Nouvelle Cuisine ».
- Des restaurants « 3 étoiles » dans le monde.

Lexique

recette (n.f.) :
le procédé de préparation d'un plat, d'un mets
goût (n.m.) :
la saveur d'un aliment
toque (n.f.) :
une sorte de bonnet, de chapeau
s'affairer (v.) :
être occupé, s'activer à des tâches
saveur (n.f.) :
la sensation produite par un goût, une texture
insolite (adj.) :
inattendu, original, curieux
biologique (adj.) :
organique, naturel, sans addition de produits artificiels

ESCARGOTS ET GRENOUILLES

Le seul lien que l'on peut établir entre des animaux aussi différents que l'escargot et la grenouille, c'est qu'ils sont tous deux associés à la gastronomie française, à la fois dans son raffinement et dans son excentricité. De la grenouille, seules les cuisses sont dégustées. On les fait frire avec de la panure, du sel et des oignons. Les os de grenouilles sont aussi fins que des arêtes de poisson et il faut faire très attention à ne pas les avaler. Quant aux escargots, un mets gastronomique typiquement bourguignon, la recette est très élaborée, elle nécessite plus de huit jours de préparation, puis on les frit à la poêle avec une persillade. En fait, ce sont surtout les touristes de passage en France qui désirent faire l'expérience des grenouilles ou des escargots, car les Français en mangent plutôt rarement. L'idée de consommer des animaux aussi exotiques semble incongrue pour beaucoup d'entre eux et c'est vrai que les prix pratiqués dans les restaurants qui en proposent découragent un peu. Pourtant, il faut reconnaître que ces batraciens et ces gastéropodes ont réussi à définir la cuisine française de manière remarquable.

Lexique

lien (n.m.) :
un rapport, une liaison
raffinement (n.m.) :
la sophistication,
la distinction
excentricité (n.f.) :
ce qui n'est pas dans la
norme, qui est extravagant
cuisse (n.f.) :
la partie supérieure
de la jambe
déguster (v.) :
manger, consommer
panure (n.f.) :
un mélange de farine
et d'œufs
avaler (v.) :
absorber, ingérer
mets (n.m.) :
un plat, une recette,
une spécialité culinaire
persillade (n.f.) :
un assaisonnement à base
de persil, de beurre et d'ail

Autour du texte

Lire

1. Quelle sorte d'image les escargots et les grenouilles donnent-ils à la cuisine française ?
2. Que mange-t-on des grenouilles et que faut-il éviter ?
3. Avec quels ingrédients les grenouilles sont-elles cuisinées ?
4. Les escargots sont une spécialité de quelle région française ?
5. Comment cuisine-t-on les escargots ?
6. Pour quelles raisons les Français ne mangent-ils pas souvent d'escargots ?
7. Quels sont les noms scientifiques des escargots et des grenouilles ?

Parler

■ Exprimez votre opinion sur ces propositions :
- Il est choquant de manger des escargots ou des grenouilles.
- Il faut respecter les traditions culinaires dans les cultures du monde.
■ Citez des bizarreries gastronomiques dans les traditions culinaires d'autres pays.
■ Commentez cette remarque de Brillat-Savarin :
« Dis-moi ce que tu manges, je te dirai qui tu es » (*La physiologie du goût*, 1825).

Rechercher

■ Le sens du message de la fable
La grenouille qui veut paraître aussi grosse qu'un bœuf de Jean de la Fontaine (1621-1695).
■ Le sens de l'expression : « Avancer comme un escargot ».

FRITES

Les Américains attribuent l'invention des frites aux Français depuis que Thomas Jefferson en mangeait à Paris juste avant la Révolution. De leur côté, les Français pensent que les frites sont une spécialité belge.

La vérité se trouve dans les assiettes, où souvent ces pommes de terre découpées en forme d'allumettes et cuites dans l'huile accompagnent comme garniture des saucisses, des « biftecks », des omelettes, des moules... Une salade verte à la vinaigrette complète généralement ce tableau du déjeuner, pris rapidement en brasserie ou au restaurant.

Il est inutile de demander à un enfant ce qu'il préfère entre les haricots verts, les épinards ou les frites. Les adultes sont plus discrets sur ce sujet mais ils penseront la même chose. L'obsession nationale pour les frites est si grande qu'elle se traduit jusque dans la langue, en effet quelqu'un qui se sent fatigué pourra ainsi dire : « Aujourd'hui, je n'ai pas la frite ! »

Lexique

vérité (n.f.) :
ce qui est vrai, authentique
garniture (n.f.) :
un assortiment,
une décoration
vinaigrette (n.f.) :
une sauce à base d'huile,
de vinaigre et de sel
brasserie (n.f.) :
un type de café qui sert
des plats simples
haricot vert (n.m.) :
un type de légume
épinard (n.m.) :
un légume vert
discret (adj.) :
qui agit avec retenue
se traduire (v.) :
s'exprimer, se manifester
se sentir (v.) :
avoir le sentiment,
éprouver un sentiment

Autour du texte

Lire

1. Les frites sont-elles belges ou françaises ?
2. À quoi peut-on comparer l'apparence des frites ?
3. Avec quel légume et comment fait-on des frites ?
4. Avec quoi mange-t-on des frites ?
5. Qui préfère les frites aux légumes verts ?
6. Que signifie l'expression : « Avoir la frite » ?

Parler

■ À votre avis, les frites sont-elles une nourriture universelle aujourd'hui ?
■ Débattez les propositions suivantes :
- Si on aime quelque chose, on peut en manger autant qu'on veut.
- On peut manger de tout, mais avec modération.

Rechercher

■ Des plats à base de friture.
■ Les différentes façons de cuisiner les pommes de terre.

FROMAGES

Avec le pain et le vin, le fromage constitue le troisième côté du « triangle sacré » de la gastronomie française, considérée dans son aspect le plus élémentaire. On peut en effet concevoir en France un excellent déjeuner composé uniquement de ces trois éléments, avec peut-être en plus quelques olives noires et une salade verte bien assaisonnée.

Il existe près de quatre cents variétés de fromages en France, chaque région en produit, selon des méthodes et des traditions particulières : le camembert en Normandie, le brie à Meaux, le cantal en Auvergne, le roquefort en Aveyron... Comme pour les vins, certains fromages reçoivent le label d'Appellation d'Origine Contrôlée (AOC), qui garantit la qualité de leur fabrication. On utilise trois types de lait, celui de la vache, celui de la chèvre et, moins souvent, celui de la brebis.

Dans un menu classique, le fromage arrive en quatrième position, après l'entrée, le plat principal et la salade, juste avant le dessert. Plusieurs types sont alors présentés sur un plateau, on les déguste avec du pain, généralement du plus doux au plus corsé.

Autour du texte

Lire

1. Combien y a-t-il de sortes de fromages en France ?
2. Qu'est-ce qui accompagne bien le fromage ?
3. Quelle distinction obtiennent certains fromages régionaux ?
4. Avec quelles sortes de lait fait-on le fromage ?
5. À quel moment mange-t-on le fromage dans un repas ?
6. Dans quel ordre mange-t-on plusieurs fromages ?

Parler

■ Citez les pays réputés pour leurs fromages dans le monde.
■ Dites ce que vous pensez de ces opinions :
- Le fromage, ça sent vraiment mauvais.
- Le fromage, c'est trop riche et difficile à digérer.
- Le fromage avec du pain, c'est idéal pour un repas.

Rechercher

■ Les types de fromages et les régions où ils sont fabriqués.
■ Le principe de fabrication du fromage.
■ La signification de l'expression : « En faire tout un fromage ».

Lexique

gastronomie (n.f.) : l'art de bien manger
élémentaire (adj.) : simple, rudimentaire
assaisonné (adj.) : préparé avec une sauce à l'huile et au vinaigre, par exemple
plateau (n.m.) : une assiette, un plat
déguster (v.) : manger, goûter en appréciant
corsé (adj.) : fort, qui a beaucoup de goût

MACARONS

*L'*une des pâtisseries françaises les plus célèbres produit un curieux effet : si tout le monde est d'accord sur son goût et sa texture, il est beaucoup plus délicat de dire à quoi elle ressemble. Un macaron est sucré, croquant et fondant, il a un joli parfum d'amande, un cœur délicieusement tendre, mais quelle est sa forme, quelle est sa couleur ?

On fabrique des macarons un peu partout en France et, même si les ingrédients restent toujours plus ou moins les mêmes, chaque région lui a donné une personnalité particulière. Il faut de la poudre d'amande, des blancs d'œufs et du sucre pour faire des macarons, mais sur cette base, il existe des variations infinies. Près de Nancy, le macaron de Boulay est rugueux et craquelé ; à Amiens, c'est une petite galette épaisse ; le macaron de Montmorillon, dans le sud-ouest, ressemble à une petite quiche ; dans le Pays basque, il est rond et lisse…

Le macaron dit « parisien » est le plus surprenant, il est composé de deux coques bombées entre lesquelles est fourrée une « ganache ». Leur petite collerette fait très chic, mais c'est surtout leurs couleurs vives et leurs saveurs qui séduisent : pistache, chocolat, café, vanille, framboise, noix de coco, menthe, citron, thé vert et bien d'autres…

Les macarons sont très tendance aujourd'hui, ils ont leur fête le 20 mars, jour du printemps, et un joaillier de la capitale s'est même inspiré de ces délicieuses mignardises pour créer une collection de bijoux.

Autour du texte

Lire

1. Qu'est-ce qu'un macaron ?
2. Quels adjectifs qualifient le mieux la texture d'un macaron ?
3. Avec quoi prépare-t-on des macarons ?
4. Pourquoi trouve-t-on des macarons de formes différentes en France ?
5. Quelles sont les caractéristiques du macaron « parisien » ?
6. Comment s'appelle la crème qu'on trouve au cœur du macaron « parisien » ?
7. Quels types de parfum sont utilisés pour les macarons ?
8. Quel est le jour des macarons en France ?

Parler

■ Dites à quel moment on mange des pâtisseries, à quelles occasions.
■ Présentez votre pâtisserie préférée et ses qualités.
■ Commentez cette opinion de Jean-Jacques Rousseau : « La viande n'est pas un aliment fait pour les humains car les enfants préfèrent spontanément les produits à base de lait et les pâtisseries »
(*Émile ou de l'Éducation*, 1762).

Rechercher

■ Le prix des macarons, les endroits où l'on en achète.
■ Le joaillier parisien qui s'est inspiré des macarons pour créer des bijoux.

Lexique

goût (n.m.) :
la saveur
croquant (adj.) :
croustillant, qui craque sous les dents
fondant (adj.) :
moelleux, qui fond dans la bouche
rugueux (adj.) :
qui n'a pas une forme régulière
coque bombée (n.f.) :
une enveloppe fine et gonflée
collerette (n.f.) :
une bordure en forme de dentelle
être tendance (loc.v.) :
être en vogue, à la mode
mignardise (n.f.) :
une sucrerie, une gourmandise

PERRIER

L'eau de Perrier, eau minérale pétillante composée de gaz carbonique naturel, est mise en bouteille à Vergèze, dans le Gard. Lancée en 1903 par Sir John Harmsworth, homme d'affaires britannique qui avait racheté l'exploitation de la source à son propriétaire Louis Perrier, on surnommait cette eau le « champagne des eaux de table ». Sa bouteille caractéristique en forme de quille lui donne un air sympathique et généreux.

Très désaltérante, l'eau de Perrier accompagne tous les plats, elle se consomme à tous moments, elle remplace l'alcool pour ceux qui n'en boivent pas, elle est la solution idéale pour ceux qui ne savent pas quoi commander au café ou qui ont un estomac à soigner.

Près d'un milliard de bouteilles de Perrier sont vendues chaque année dans le monde. La marque a toujours suivi une politique promotionnelle dynamique et créative ; le slogan publicitaire le plus célèbre a été inventé en 1976 : « Perrier c'est fou » !

Autour du texte

Lire

1. Dans quelle région est produite l'eau de Perrier ?
2. Depuis quand la marque Perrier existe-t-elle ?
3. Qui est « l'inventeur » de la marque ?
4. Pourquoi peut-on comparer l'eau de Perrier au champagne ?
5. À quoi ressemble une bouteille de Perrier ?
6. Qui aime boire du Perrier ?
7. Quel est le nombre de bouteilles de Perrier vendues par an ?
8. Quelle image la marque veut-elle promouvoir ?

Parler

■ Citez des boissons non-alcoolisées de réputation mondiale.
■ Imaginez un slogan publicitaire pour une eau minérale gazeuse.

Rechercher

■ Une publicité de la marque Perrier.
■ Le sens de l'expression : « Il y a de l'eau dans le gaz ».

Lexique

pétillant (adj.) : effervescent, qui contient des bulles
britannique (adj.) : qui se rapporte à la Grande-Bretagne
surnommer (v.) : donner un autre nom
quille (n.f.) : une pièce de bois utilisée comme cible au bowling, par exemple
désaltérant (adj.) : qui rafraîchit, qui apaise la soif
estomac (n.m.) : l'organe de la digestion
soigner (v.) : prendre soin, faire attention

SOUPE À L'OIGNON

Plus qu'une simple recette de cuisine, la soupe à l'oignon en France est associée à une tradition, celle du « souper », ce repas léger que l'on prend en fin de soirée, après un spectacle au théâtre, un film au cinéma, un concert ou une fête entre amis. Il a été un temps aussi où les « Forts des Halles », après une dure nuit au travail dans le « ventre de Paris » (Émile Zola), s'arrêtaient à l'aube dans un café pour se requinquer avec une soupe à l'oignon avant d'aller se coucher.

L'oignon est un légume cultivé partout dans le monde depuis plusieurs millénaires, les Égyptiens lui vouaient un culte et les Grecs en consommaient avant le combat. L'oignon est bien sûr apprécié pour la saveur qu'il apporte aux salades ou à la cuisson des plats mais il est également réputé pour ses vertus thérapeutiques. Il prévient en effet les infections et il élimine les toxines du sang. Le cataplasme à l'oignon est un remède traditionnel à l'action purifiante, il suffit de le placer sur la poitrine pendant vingt minutes pour se débarrasser d'un rhume.

La soupe à l'oignon est servie bouillante avec des croûtons de pain couverts de fromage fondu. C'est aussi la soupe idéale pour se réchauffer les soirs d'hiver.

Lexique

« Forts des Halles » :
nom donné autrefois
aux travailleurs du marché
de nuit
aube (n.f.) :
très tôt le matin, au lever
du jour
se requinquer (v.pron.) :
se réconforter, se revigorer,
se stimuler
vouer un culte (loc.v.) :
adorer, glorifier (une
divinité)
saveur (n.f.) :
le goût
vertu (n.f.) :
une propriété, une qualité,
une aptitude
prévenir (v.) :
empêcher, défendre
cataplasme (n.m.) :
une préparation à base
de farine qu'on applique
sur la peau
se débarrasser (v.) :
vaincre, calmer, guérir
croûton de pain (n.m.) :
des morceaux de pain dur

Autour du texte

Lire

1. La soupe à l'oignon se déguste
   à quel moment ?
2. Comment appelait-on les hommes
   qui travaillaient au grand marché de nuit
   de Paris ?
3. Pourquoi prenaient-ils une soupe à l'oignon
   au petit matin ?
4. Comment utilise-t-on l'oignon en cuisine ?
5. Quelles sont les qualités médicinales
   de l'oignon ?
6. Comment mange-t-on la soupe à l'oignon ?
7. À quelle saison cette soupe est très appréciée ?

Parler

■ Nommez et présentez des plats, des recettes
qui donnent des forces, de l'énergie.
■ Citez les propriétés médicinales de certains
légumes, de certaines plantes, leurs bienfaits
sur la santé.

Rechercher

■ La recette de la soupe à l'oignon.
■ La manière dont on doit couper les oignons
pour ne pas avoir les larmes aux yeux.
■ Le sens de l'expression : « Mêle-toi
de tes oignons ».

TRUFFES

rillat-Savarin, auteur de la *Physiologie du Goût* (1825),
qualifiait la truffe de diamant de la cuisine. Depuis le
Moyen-Âge en France, on connaît en effet ce
champignon qui pousse sous la terre, mêlé aux racines
de certains arbres. On ramasse les truffes à la fin de l'automne
ou en hiver, avec un chien truffier ou un cochon qui sait les trouver
par l'odeur, ou même à l'aide de certaines mouches qui les
adorent.

La plupart des truffes françaises viennent de Provence, mais
c'est la truffe noire, aussi appelée truffe du Périgord, qui est la
plus recherchée pour son parfum très riche. On trouve également
des truffes en Italie et en Espagne, ainsi qu'en Chine, aux pieds
de l'Himalaya.

Tout comme les diamants, les truffes ont un prix : celles du
Périgord valent de cinq cents à mille euros le kilo. Une truffe pèse
entre vingt et cent grammes, mais on en trouve parfois qui
pèsent plus d'une livre !

La saveur délicate de la truffe se marie bien aux mets de viandes, de
gibier en particulier, ou aux pâtés de foie gras, une autre spécialité du
Périgord. La recette de l'omelette aux truffes est simple : on conserve
pendant 24 heures une truffe avec quelques œufs frais, le parfum de
la truffe sera alors capté par les œufs et merveilleusement rendu
pendant la cuisson.

Lexique

pousser (v.) :
croître, grandir
racine (n.f.) :
la base d'un arbre,
enfouie sous la terre
ramasser (v.) :
cueillir, récolter
la plupart (pron.) :
la majorité
peser (v.) :
mesurer en poids
livre (n.f.) :
mesure de poids égale
à la moitié d'un kilo
(500 grammes)
saveur (n.f.) :
le goût
mets (n.m.) :
un plat, une recette
gibier (n.m.) :
les animaux sauvages,
pris à la chasse
cuisson (n.f.) :
le processus de cuire
un aliment

Autour du texte

Lire

1. Qu'est-ce qu'une truffe ?
2. Où est-ce qu'on trouve des truffes ?
3. Comment est-ce qu'on cueille les truffes ?
   À quelle époque de l'année ?
4. Les truffes poussent dans quelles régions
   de France et du monde ?
5. Quelle est la plus prestigieuse des truffes ?
6. Quel est le poids d'une truffe moyenne ?
7. Combien peut coûter une truffe
   de 100 grammes ?
8. Avec quoi mange-t-on des truffes ?

Parler

■ Citez des produits alimentaires dans le
monde qui coûtent cher.
■ Débattez les propositions suivantes :
- Payer très cher pour des produits
alimentaires n'est pas raisonnable.
- Il est tout à fait normal de dépenser
beaucoup pour des produits rares.

Rechercher

■ Une ou deux recettes à base de truffes.
■ Des champignons comestibles ;
des champignons non comestibles.
■ Le sens de l'expression : « Pousser comme
un champignon ».

VACHE QUI RIT

Le logo universellement connu de la société Bel a intrigué des générations d'enfants. Cette tête hilare d'une vache sympathique dessinée par Benjamin Rabier est omniprésente depuis 1921 sur les tables, dans les réfrigérateurs, sur les voitures de livraison, dans les épiceries et les supermarchés. Depuis 2009, on peut aussi visiter la Maison de la Vache qui rit à Lons-le-Saunier (Jura). Apparemment, la Vache qui rit c'est seulement un fromage fondant présenté en portions préemballées qu'on « tartine » sur des tranches de pain. Mais ce n'est pas tout : de même qu'on ne sait pas pourquoi un cercle n'a pas de côtés, on ne sait pas non plus pourquoi elle rit, cette vache qui rit...

Ses boucles d'oreilles en forme de boîte de Vache qui rit sont aussi très énigmatiques : on remarque en effet que sur ces boucles d'oreilles, il y a une autre vache qui rit qui porte des boucles d'oreilles sur lesquelles on distingue une nouvelle vache qui rit qui porte des boucles d'oreilles et ainsi de suite... Bref, cette vache qui rit est une démonstration de l'infini, offerte à l'imagination des enfants.

Lexique

intriguer (v.) :
intéresser, fasciner
hilare (adj.) :
joyeux, heureux, qui rit
omniprésent (adj.) :
présent partout,
tout le temps
livraison (n.f.) :
le transport
fondant (adj.) :
qui est mou, tendre
emballé (adj.) :
enveloppé
tartiner (v.) :
étaler sur du pain
ainsi de suite (conj.) :
et caetera, qui continue
indéfiniment

Autour du texte

Lire

1. Depuis quand la Vache qui rit existe-t-elle ?
2. Qu'est-ce qu'il y a dans une boîte de Vache qui rit ?
3. Qu'est-ce qui est représenté sur le logo de ce produit ?
4. Quel lien peut-on faire entre une vache et le produit ?
5. Comment mange-t-on la Vache qui rit ?
6. Qu'y a-t-il de mystérieux dans la présentation de ce produit ?
7. À qui ce produit est-il destiné ?

Parler

■ Citez des produits alimentaires aussi célèbres que la Vache qui rit. Ont-ils des caractéristiques communes ?

■ Décrivez des méthodes publicitaires pour attirer les jeunes consommateurs.

Rechercher

■ Une recette à la Vache qui rit.
■ D'autres produits de la société Bel.
■ Dans quelles circonstances dit-on d'une personne qu'elle est une « vache à lait » ?

VINS ET EAUX

En France, les vignobles sont surtout situés dans la partie sud du pays, à l'exception du champagne et des vins d'Alsace, qui sont produits dans le nord-est. Les régions viticoles les plus célèbres sont la Bourgogne et le Bordelais, où l'on cultive la vigne depuis plus de deux mille ans. Mais d'excellents vins sont produits dans la vallée du Rhône, en Provence, dans le Languedoc et Roussillon, la vallée de la Loire, l'Anjou.

Les vins ont une personnalité, un corps, un esprit. Un vin est le résultat d'une alchimie complexe entre le climat, la terre et le travail du vigneron après la cueillette du raisin au moment des vendanges, généralement en septembre. Le temps fait le reste. Un bordeaux est meilleur après quelques années, il est plus robuste et ses parfums se sont développés. Le bourgogne vieillit moins bien, mais il est acide s'il est trop jeune. Le beaujolais doit être bu rapidement, dans les mois qui suivent sa fabrication.

Le vin, c'est également un subtil mariage avec les mets : le vin blanc convient mieux en général au poisson et à la volaille, le rouge se marie bien avec les viandes et le fromage. Au cours d'un repas, plusieurs vins différents peuvent être servis.

Depuis une trentaine d'années, la consommation de vin en France a fortement baissé. En fait, la boisson préférée des Français est l'eau. La France est l'un des premiers producteurs du monde d'eaux minérales et chaque Français en consomme en moyenne plus de 200 litres par an.

Autour du texte

Lire

1. Dans quelles parties de France trouve-t-on des vignobles ?
2. D'où viennent les vins les plus fameux du pays ?
3. À quelle époque récolte-t-on le raisin ?
4. Quel vin s'améliore avec le temps ?
5. Quel vin se consomme très « jeune » ?
6. Quels plats le vin rouge peut-il accompagner ? Et le blanc ?
7. Quelle est la situation de la consommation de vin en France ?
8. Quelle est la boisson favorite en France ?

Parler

■ Citez des régions du monde où l'on produit du vin.
■ Nommez des pays producteurs d'eau minérale.
■ Débattez les propositions suivantes :
- L'eau du robinet est aussi bonne que l'eau minérale.
- Boire du vin avec modération est bon pour la santé.

Rechercher

■ Des vignobles célèbres dans le Bordelais. Et le nom de quelques vins de la région de Bourgogne.
■ Des sources d'eau minérale en France.
■ Le sens de l'expression : « Mettre de l'eau dans son vin ».

Lexique

vignoble (n.m.) :
un champ de vignes
viticole (adj.) :
qui a un rapport avec la production de vin
vigne (n.f.) :
un petit arbre, un arbrisseau qui produit le raisin
vigneron (n.m.) :
la personne qui fabrique le vin
cueillette (n.f.) :
la récolte
vendanges (n.f.p.) :
la période de la récolte du raisin
volaille (n.f.) :
les oiseaux comestibles : poules, canards, oies, etc.
baisser (v.) :
diminuer, décroître

POUR FAIRE LE POINT

De quelles icônes s'agit-il ?

1. On en mange peu en France mais ils définissent pourtant la cuisine nationale.

2. Avec 400 variétés en France, on a vraiment l'embarras du choix !

3. On en trouve au pied des arbres, elles sentent très bon et valent très cher !

4. Sans lui, il est difficile d'imaginer une fête ou une célébration.

5. Si vous vous sentez fatigué(e) vers une heure du matin, c'est ce qu'il vous faut.

6. Elle a de jolies boucles d'oreilles, elle est sympathique et les enfants l'adorent.

7. Voilà le couple idéal pour un petit déjeuner, avec le journal en plus.

8. On célèbre son arrivée dans le monde entier au mois de novembre.

9. C'est excellent pour ouvrir l'appétit, pour retrouver des amis et bavarder.

10. C'est une boisson qui pétille, on peut en boire autant qu'on veut même si on conduit.

11. Il y en a de toutes les couleurs, ils ont un joli goût d'amande et ils fondent dans la bouche comme un songe passager.

Les réponses sont page 189.

CÉLÉBRITÉS

ABBÉ PIERRE

Ce petit monsieur en pèlerine noire et à barbe blanche reste l'une des personnalités les plus respectées en France aujourd'hui. L'abbé Pierre a défendu toute sa vie les pauvres de manière énergique et concrète, illustrant ainsi ses propres paroles : « Vivre, c'est apprendre à aimer ».

Né à Lyon en 1912, Henri-Antoine Grouès a été ordonné prêtre en 1938. Son surnom Pierre lui vient de la période de son engagement dans la Résistance, de 1942 à 1944. À partir de 1949, il fonde la communauté d'Emmaüs, une association laïque composée d'hommes et de femmes – les « chiffonniers » – qui récupèrent, réparent et revendent de vieux meubles pour financer la construction d'abris pour les sans-logis.

L'abbé Pierre devient soudain célèbre durant le terrible hiver de 1954 lorsqu'il parle aux Français à la radio pour leur demander de donner généreusement pour ceux qui meurent de froid dans la rue. Son appel est largement entendu et, depuis, la communauté d'Emmaüs n'a pas cessé de grandir ; elle emploie aujourd'hui 4 000 « compagnons » répartis dans trente pays.

L'abbé Pierre, Grand'Croix de l'Ordre de la Légion d'Honneur, la plus haute distinction française, a été un infatigable combattant de l'injustice et des inégalités, il intervenait sans cesse avec conviction et sincérité dans tous les débats sur la misère et la pauvreté. Il est mort en janvier 2007, il avait 94 ans.

Lexique

pèlerine (n.f.) :
un manteau de pèlerin,
de prêtre
pauvre (n.m.) :
sans ressources, sans argent
illustrer (v.) :
donner pour exemple
parole (n.f.) :
un mot, un propos
être ordonné (loc.v.) :
recevoir un titre,
une fonction
laïque (adj.) :
non religieux, séculier
abri (n.m.) :
un lieu protégé, un refuge
sans-logis (n.m.) :
personne sans domicile,
sans logement
réparti (adj.) :
distribué
intervenir (v.) :
prendre part, participer

Autour du texte

Lire

1. Qui est était l'abbé Pierre ? Quel est son vrai nom ?
2. Quelle est l'origine de son nom « Pierre » ?
3. Quelle était la mission de l'abbé Pierre ?
4. Quelle organisation a-t-il créée ? Dans quel but ?
5. Cette organisation est-elle limitée au territoire français ?
6. Comment a-t-il connu la notoriété ?
7. Quelle décoration officielle a-t-il reçue ?
8. Quand a-t-il disparu ?

Parler

■ Commentez la phrase de l'abbé Pierre : « Vivre, c'est apprendre à aimer ».
■ Que pensez-vous de cette autre citation de l'abbé Pierre : « Il ne faut pas faire la guerre aux pauvres, mais à la pauvreté » ?
■ Donnez votre définition de la misère, citez des exemples.

Rechercher

■ Les titres des ouvrages écrits par l'abbé Pierre.
■ Des organisations dans le monde qui poursuivent une action comparable à celle de l'abbé Pierre.

BRIGITTE BARDOT

O n pense aujourd'hui à Brigitte Bardot avec un mélange d'ironie, d'admiration, d'irritation et d'amusement. Sa carrière d'actrice dans les années cinquante et soixante symbolise une époque idéale et révolue, lorsqu'en France on savourait l'atmosphère optimiste de l'après-guerre, avec insouciance et joie de vivre.

Sa beauté légendaire est révélée au monde entier en 1956 par le film de Roger Vadim Et *Dieu créa la femme*. Mais Bardot cultivait aussi une ingénuité, un air rebelle que toute jeune fille voulait imiter. Femme-enfant insoumise, libre et audacieuse, BB incarnait les exigences des femmes, leur désir d'émancipation. Le grand moment de BB au cinéma a lieu en 1963 lorsqu'elle apparaît avec Jack Palance dans *Le mépris* de Jean-Luc Godard.

Idole française globale, le buste de BB représentant Marianne, symbole de la République, a trôné au cours des années soixante dans toutes les mairies du pays. BB a joué dans 50 films et enregistré des dizaines de chansons, dont la fameuse *Harley Davidson*, écrite par Serge Gainsbourg. En 1974, à l'âge de 39 ans, elle décide d'arrêter le cinéma et se retire dans sa propriété de Saint-Tropez, sur la Côte d'Azur.

Sans quitter l'attention des médias, BB s'est alors totalement dévouée à la défense des animaux, elle a refusé en 1985 la Légion d'Honneur que lui offrait François Mitterrand, provoqué des scandales à la suite de déclarations controversées et rédigé plusieurs volumes de mémoires. Une exposition rétrospective a été consacrée à BB en 2009, à l'occasion de ses 75 ans.

Lexique

irritation (n.f.) :
l'impatience, l'agacement
révolu (adj.) :
qui est passé, fini
savourer (v.) :
prendre plaisir, se réjouir
de quelque chose
insouciance (n.f.) :
qui n'a pas de souci,
d'inquiétude
ingénuité (n.f.) :
l'innocence, la candeur,
la pureté
incarner (v.) :
représenter, symboliser,
illustrer
exigence (n.f.) :
demande, revendication
émancipation (n.f.) :
la libération
trôner (v.) :
être posé, placé
mairie (n.f.) :
le bâtiment officiel de
l'administration municipale
rédiger (v.) :
écrire
consacrer (v.) :
dédier

Autour du texte

Lire

1. À quelle période Brigitte Bardot a-t-elle débuté sa carrière ?
2. Quel était le climat général en France à ce moment-là ?
3. Quel est le surnom de Brigitte Bardot ?
4. Quel film l'a rendue célèbre mondialement ?
5. Comment s'explique le succès de Brigitte Bardot ?
6. Quel est le lien entre Marianne et Brigitte Bardot ?
7. Parallèlement au cinéma, quelle activité artistique poursuivait-elle ?
8. Que fait Brigitte Bardot depuis qu'elle a mis fin à sa carrière ?
9. Quel hommage officiel Brigitte Bardot n'a pas voulu recevoir ?

Parler

■ Citez des actrices françaises célèbres aujourd'hui.
■ Quelles autres actrices dans le monde peuvent être comparées à BB ?
■ Commentez cette remarque de BB :
« La beauté, c'est quelque chose qui peut être séduisant un temps. [...]
Mais l'intelligence, la profondeur, le talent, la tendresse, c'est bien plus important et ça dure beaucoup plus longtemps »
(*Empreintes*, 2007).

Rechercher

■ Des films avec Brigitte Bardot, les rôles qu'elle a joués.
■ Des informations sur les activités de la Fondation Brigitte Bardot.

BELMONDO ET DELON

l existe dans l'histoire du cinéma français quelques duos célèbres, formés par des couples d'acteurs ou d'actrices qui ont marqué la mémoire collective : c'est le cas de Bourvil et de Louis de Funès dans *La grande vadrouille* (1966), mais aussi d'Alain Delon et de Jean-Paul Belmondo dans *Borsalino* (1970), un film qui raconte l'histoire de deux gangsters de Marseille dans les années 20.

Un duo réussi est d'abord un duo où les qualités de chaque individualité contribuent au succès et à la force du tandem. En d'autres termes, Delon et Belmondo sont invincibles parce qu'ils sont associés. L'autre dimension essentielle est dans le contraste qui est produit : les deux éléments du couple sont fondamentalement différents, ils ne se ressemblent pas, ils sont même aux antipodes l'un de l'autre, mais ils se complètent merveilleusement pour former un tout.

On ne peut pas en effet imaginer deux personnalités aussi distinctes : Delon est froid, mesuré, mystérieux, de peu de mots et beau garçon ; Belmondo est chaleureux, spontané, franc, séducteur et beau parleur...

Malgré toutes ces différences, ce que ces deux hommes ont en commun, c'est leur talent d'acteurs, leur élégance, leur charme. Delon et Belmondo, pendant plusieurs décennies et dans des dizaines de films, ont ainsi incarné au cinéma deux portraits de la masculinité.

Autour du texte

Lire

1. Quels sont les couples d'acteurs français célèbres ?
2. Dans quelle ville française se situe le film *Borsalino* ?
3. À quelle époque ?
4. Quels rôles jouent Delon et Belmondo ?
5. Qu'est-ce qui contribue au succès d'un couple d'acteurs ?
6. Quelles sont les caractéristiques qui distinguent Delon et Belmondo ?
7. Quelles sont les qualités qu'ils partagent ?
8. Qu'est-ce que ces deux acteurs ont représenté pour plusieurs générations de Français ?

Parler

- Citez d'autres exemples de duos célèbres au cinéma.
- À votre avis, qu'est-ce qui caractérise un bon acteur ?
- Dites comment les acteurs, les actrices, contribuent à la formation de modèles, de références pour le public.

Rechercher

- Les types de rôle joués par Alain Delon et par Jean-Paul Belmondo dans leurs films.
- Le film dans lequel Delon et Belmondo se retrouvent aux côtés de Vanessa Paradis.

Lexique

d'abord (adv.) :
premièrement, avant tout
mesuré (adj.) :
calme, pondéré
de peu de mots (loc.) :
qui ne parle pas beaucoup
chaleureux (adj.) :
sympathique, ardent, passionné
séducteur (adj.) :
qui séduit, qui charme par son attitude
beau parleur (adj.) :
qui aime séduire par les mots, la parole
malgré (prép.) :
en dépit de [exprime l'opposition]
décennie (n.f.) :
une période de dix ans
incarner (v.) :
représenter, illustrer, symboliser

LES BLEUS

Une expression métonymique s'est installée dans la langue française depuis vingt ans, regroupant un certain nombre de sentiments et de significations : « les Bleus », c'est la France et ses sportifs, et plus particulièrement son équipe de football. Ce nom simple, qui se réfère à la couleur des maillots des joueurs et au drapeau national, représente l'unité de la nation, le pays entier dans son effort de conquête et de gloire internationale.

La grande période des « Bleus » se situe entre 1998 et 2000, lorsque l'équipe de France de football remporte successivement la Coupe du Monde et la Coupe d'Europe. La France célébrait alors les victoires d'une équipe composée de joueurs aux couleurs et origines différentes : Marcel Desailly le noir, Didier Deschamps le blanc et Zinédine Zidane le « beur » symbolisaient une France métissée, ouverte sur le monde, enrichie par des talents venus « d'ailleurs ». La France unie n'avait qu'un seul slogan, apolitique et chauvin : « Allez les Bleus ».

Les échecs de 2002 et 2004 en Coupe du Monde et en Coupe d'Europe, le geste malencontreux de Zidane lors de la finale perdue contre les Italiens en 2006 ont terni l'image des « Bleus ». Les Français sont revenus aujourd'hui à plus de modestie et de réalisme, la gloire en sport est une chose difficile à faire durer. Mais les Bleus ont réussi à donner à la France un visage uni dans sa diversité, un succès auquel les politiciens ne peuvent que rêver.

Autour du texte

Lire

1. Que désigne l'expression « les Bleus » ?
2. Que signifient « les Bleus » pour les Français ?
3. Quelle est l'époque glorieuse des Bleus ?
4. Qu'est-ce qui caractérisait la composition de l'équipe de France de football en 1998 ?
5. Qu'est-ce qui s'est passé lors de la finale de la Coupe du Monde de 2006 ?
6. « Les Bleus » ont contribué à projeter quelle sorte d'image de la France ?

Parler

■ Citez les grandes compétitions sportives dans le monde aujourd'hui.
■ Nommez quelques « grandes nations sportives » ; expliquez pourquoi ces nations dominent le sport mondial.
■ Donnez votre opinion sur ces propositions :
- Le sport est lié à l'identité nationale.
- Il existe de nombreux sports « nationaux ».

Rechercher

■ Le portrait, la biographie d'un grand joueur de football français.
■ Des grands sportifs français et leurs disciplines sportives.

Lexique

métonymique (adj.) : qui représente une chose par une relation logique
remporter (v.) : gagner
beur (n.m.) : un enfant né en France de parents immigrés d'Afrique du Nord
métissé (adj.) : mélangé, mixte
ailleurs (adv.) : qui n'est pas d'ici, qui est de l'extérieur
chauvin (adj.) : patriote, qui admire son pays
échec (n.m.) : une défaite (*contr.* un succès, une victoire)
malencontreux (adj.) : regrettable, déplaisant
ternir (v.) : affecter, dégrader, perdre en valeur

COCO CHANEL

La grande dame de la haute couture française est bien plus qu'un nom sur un flacon de parfum. Au cours des années vingt et trente, Coco Chanel a reconstruit l'identité des femmes en révolutionnant les codes du vêtement féminin. Indépendante et ambitieuse, la petite couseuse orpheline, Gabrielle Bonheur Chanel, a finalement imposé au monde sa conception de l'élégance féminine par des lignes sobres, qui sont devenues depuis la référence classique du monde de la mode.

Coco Chanel, en libérant les femmes de leurs corsets et jupons, a pratiquement tout inventé : le pantalon, le tailleur, la jupe courte (mais qui cachait les genoux), le jersey, le tweed, les bijoux fantaisie... Elle voulait des femmes aux cheveux courts, à la peau bronzée et naturelle, à l'aise dans leurs vêtements. Même si ses créations s'inspiraient souvent du vêtement masculin, Coco Chanel ne craignait pas de dire que « plus une femme est féminine, plus elle est forte ».

L'art de Coco Chanel se résume dans ces trois mots : confort, simplicité et élégance. La grande styliste précise ceci : « Une femme est toujours trop habillée, jamais assez élégante ».

Coco Chanel est morte en 1971, dans sa suite de l'Hôtel Ritz à Paris, elle avait 87 ans. Dans le film d'Anne Fontaine, *Coco avant Chanel* (2009), qui retrace les débuts de sa carrière, Audrey Tautou incarne avec vérité le caractère déterminé d'une femme qui a changé toutes les femmes.

Lexique

couseuse (n.f.) :
une ouvrière dans
une maison de couture
orphelin (n.m.) :
un enfant qui a perdu
ses parents
corset (n.m.) :
un sous-vêtement
qui maintient le buste
et les hanches
jupon (n.m.) :
une pièce de lingerie
placée sous la jupe
pratiquement (adv.) :
presque
tailleur (n.m.) :
une veste et une jupe
coordonnées
craindre (v.) :
avoir peur
incarner (v.) :
jouer un rôle, représenter

Autour du texte

Lire

1. Quelle était la profession de Coco Chanel ?
2. Quel est son vrai nom ?
3. À quelle période Coco Chanel commence-t-elle sa carrière ?
4. Qu'est-ce qui caractérise le style Chanel ?
5. Comment les vêtements de Coco Chanel ont-ils contribué à la libération des femmes ?
6. Quelle sorte d'influence était visible dans les vêtements de Coco Chanel ?
7. Quand a-t-elle disparu ? À quel âge ?
8. Quelle actrice a joué le rôle de Coco Chanel au cinéma ? Dans quel film ?

Parler

■ Commentez et donnez votre opinion sur ces affirmations de Coco Chanel :
- « Une femme est toujours trop habillée, jamais assez élégante. »
- « Plus une femme est féminine, plus elle est forte. »
- « La mode se démode, le style jamais. »
■ Débattez ces propositions :
- La mode est le reflet des changements d'une société.
- On ne doit pas suivre la mode. Il faut rechercher son propre style.

Rechercher

■ Le parfum le plus célèbre de Chanel, l'histoire de son nom.
■ La Maison Chanel aujourd'hui, ses produits, ses magasins dans le monde, sa place dans le monde de la mode.

COLUCHE

Ce personnage provocateur, à l'humour trivial, a été détesté autant qu'adoré par le public, craint et respecté par les médias et la classe politique. Fils d'un immigré italien et d'une mère fleuriste, Michel Colucci, dit Coluche, a transformé la manière dont l'humour s'exprime en France, à la radio, à la télévision, sur la scène publique.

En 1969, Coluche fonde avec des amis le Café de la Gare, où le prix du billet d'entrée est variable et déterminé par une loterie : les plus chanceux reçoivent même de l'argent pour voir le spectacle. Devenu bientôt le comédien le plus célèbre de France, Coluche dénonce simultanément l'hypocrisie des politiciens et celle des journalistes : « Les journalistes ne croient pas les mensonges des hommes politiques mais ils les répètent, c'est pire ! ».

Coluche se présente à l'élection présidentielle de 1981 comme « candidat nul ». Habillé en clown, son objectif est de tourner en dérision cet évènement essentiel du calendrier politique. Trois ans plus tard, il obtient un César du meilleur acteur pour son rôle dans *Tchao Pantin*, où il montre une autre facette de lui-même, celle d'acteur tragique.

Coluche crée en 1985 les Restos du Cœur, une entreprise caritative pour venir en aide aux défavorisés. La générosité de Coluche se résume dans sa fameuse maxime : « Je ne suis pas un nouveau riche, je suis un ancien pauvre ».

Coluche meurt brutalement en mai 1986, dans un accident de moto. Il avait 42 ans. La cérémonie funéraire a été conduite par l'abbé Pierre.

Autour du texte

Lire

1. Qui était Coluche ? De quel milieu social venait-il ?
2. Quel était son style d'humour ?
3. Quelle était l'originalité du Café de la Gare ?
4. Qui critiquait-il principalement ? Pourquoi ?
5. Dans quel but Coluche a-t-il été candidat à une élection présidentielle ?
6. Comment Coluche s'est-il distingué au cinéma ?
7. Quelle œuvre charitable a-t-il créée ? Avec quel objectif ?
8. Comment justifie-t-il cette initiative ?
9. Comment a-t-il disparu ? À quel âge ?

Parler

■ Commentez et donnez votre opinion sur ces affirmations de Coluche :
- « Les journalistes ne croient pas les mensonges des hommes politiques mais ils les répètent, c'est pire ! »
- « L'humour a toujours été contre le pouvoir, quel que soit le régime. »
■ Donnez votre opinion sur ces propositions :
- L'humour peut changer la société.
- Il est essentiel d'avoir de l'humour dans la vie.

Rechercher

■ Des citations de Coluche sur la vie, la société française, l'humour, la politique.
■ L'objectif de la « Loi Coluche », adoptée en 1988.

Lexique

trivial (adj.) :
grossier, vulgaire, non raffiné
craint (adj.) :
qui inspire la peur, l'anxiété
chanceux (adj.) :
fortuné, heureux au jeu
mensonge (n.m.) :
une duperie, une tromperie, qui masque la vérité
nul (adj.) :
zéro, médiocre, sans qualité
tourner en dérision (loc.v.) :
ridiculiser
resto (n.m.) :
abréviation de « restaurant »
défavorisé (adj.) :
pauvre, sans ressources

CATHERINE DENEUVE

L'actrice principale du cinéma français contemporain a tourné en 50 ans de carrière plus d'une centaine de films avec les plus grands metteurs en scène. Catherine Deneuve n'a que 21 ans lorsqu'elle apparaît dans *Les parapluies de Cherbourg*, un film de Jacques Demy, récompensé en 1964 par une Palme d'or au Festival de Cannes.

François Truffaut disait que le caractère mystérieux de Catherine Deneuve apportait de l'ambiguïté et du secret aux situations, aux scénarios, aux rôles qu'elle jouait. Catherine Deneuve a souvent réfléchi sur cette image qu'elle projette : « Vous connaissez les clichés qui me collent à la peau : glaciale, distante, le feu sous la glace... » (Paris Match, 1999). Elle ajoute plus tard : « Il y a un cliché que je ne supporte pas à mon sujet, c'est la grande dame du cinéma français. [...] Je ne veux pas être une dame, encore moins une grande » (Télérama, 2000).

Deneuve, dont le visage a inspiré le buste de Marianne dans les années 80, a reçu de nombreuses récompenses, parmi lesquelles deux Césars de la meilleure actrice pour *Le Dernier métro* (1981) de François Truffaut et pour *Indochine* (1992) de Régis Wargnier. Plus récemment, elle a obtenu le prix d'Actrice européenne de l'année en 2002 pour son rôle dans *Huit femmes*, de François Ozon ainsi qu'un prix pour l'ensemble de sa carrière au Festival de Cannes de 2008.

Catherine Deneuve parle avec lucidité de sa profession : « C'est très difficile de vieillir. Pour une femme, c'est déjà difficile de vieillir dans la vie, mais pour une actrice, c'est effrayant de vieillir au cinéma » (Paris Match, 1999).

Autour du texte

Lire

1. Qu'est-ce qui montre que Catherine Deneuve est une grande actrice ?
2. Avec quel film est-elle devenue célèbre ?
3. Pour Truffaut, quel est la qualité essentielle de Catherine Deneuve ?
4. Comment Catherine Deneuve est-elle perçue ? Que signifie « le feu sous la glace » ?
5. Qu'est-ce qu'une « grande dame » pour Catherine Deneuve ?
6. Quels prix a-t-elle obtenus dans sa carrière ?
7. De quelle manière la France a-t-elle rendu hommage à Catherine Deneuve ?
8. Selon Catherine Deneuve, à quel problème une actrice doit faire face ?

Lexique

tourner (un film) (v.) :
jouer dans un film
metteur en scène (n.m.) :
la personne qui dirige
la réalisation d'un film
cliché (n.m.) :
une image figée,
un stéréotype
coller (v.) :
adhérer, ne pas quitter
supporter (v.) :
tolérer, accepter
récemment (adv.) :
il n'y a pas longtemps
lucidité (n.f.) :
la pénétration,
la clairvoyance,
la perspicacité
effrayant (adj.) :
angoissant, inquiétant,
qui fait peur

Parler

■ Commentez cette remarque de Catherine Deneuve : « C'est très difficile de vieillir. Pour une femme, c'est déjà difficile de vieillir dans la vie, mais pour une actrice, c'est effrayant de vieillir au cinéma » (*Paris Match*, 1999).

■ Débattez cette proposition : L'âge n'a pas d'importance pour les acteurs masculins.

■ À votre avis, comment peut-on vieillir au cinéma ?

Rechercher

■ Les films classiques de Catherine Deneuve, les rôles qu'elle a joués.

■ Les rôles récents de Catherine Deneuve au cinéma.

SERGE GAINSBOURG

Le « beau Serge », ainsi qu'il est appelé par une sorte d'antiphrase, occupe une place centrale dans le monde de la chanson française. Auteur-compositeur-interprète, musicien de talent, acteur, metteur en scène, Serge Gainsbourg a créé un style novateur et provocateur qui l'a rendu immensément populaire.

Influencé par le jazz et Boris Vian, Gainsbourg écrit en 1958 *Le poinçonneur des Lilas*, une chanson qui raconte la routine quotidienne d'un employé d'une station de métro et ses rêves d'évasion. Gainsbourg produit ensuite des dizaines de chansons et musiques pour lui-même et pour d'autres, comme Juliette Gréco, Françoise Hardy, Brigitte Bardot et surtout France Gall, qui interprète au concours de l'Eurovision 1965 son premier succès planétaire : *Poupée de cire, poupée de son*.

Gainsbourg ne craignait pas de choquer : en 1969, sa chanson *Je t'aime moi non plus*, chantée en duo avec son épouse Jane Birkin, est interdite dans plusieurs pays. En 1978, *Aux armes et caetera*, version reggae de *La Marseillaise*, provoque un énorme scandale. En 1984, il brûle un billet de 500 francs dans une émission de télévision pour protester contre les taxes qui financent l'industrie nucléaire. Gainsbourg cultivait une image d'asocial, d'iconoclaste, manipulant les paradoxes : « La laideur est supérieure à la beauté car elle dure plus longtemps ».

Serge Gainsbourg meurt en 1991 à 63 ans d'une crise cardiaque, due à l'épuisement, l'excès de tabac et d'alcool.

Autour du texte

Lire

1. Quel sorte d'artiste était Gainsbourg ?
2. Comment le surnommait-on ? Pourquoi ?
3. Avec quelle chanson a-t-il débuté
   sa carrière ?
4. Écrivait-il seulement pour lui ?
5. Avec quelle chanson est-il devenu célèbre ?
6. Quelle chanson de Gainsbourg a été
   censurée dans certains pays ?
7. Dans quelle chanson Gainsbourg parodiait
   l'hymne national français ?
8. Qu'est-ce qui montre que Gainsbourg
   aimait provoquer le public ?
9. Comment Serge Gainsbourg est-il mort ?

Parler

■ Commentez cette remarque de Serge
Gainsbourg : « La laideur est supérieure
à la beauté car elle dure plus longtemps ».
■ À votre avis, des provocations comme
celles de Serge Gainsbourg peuvent
être tolérées partout dans le monde ?
■ Citez des exemples de scandales
qui ont impliqué des célébrités.

Rechercher

■ Des chansons composées par Gainsbourg
pour des chanteuses et des actrices.
■ Des éléments biographiques sur les origines,
la jeunesse, la vie de Gainsbourg.

Lexique

antiphrase (n.f.) :
une phrase qui exprime le
contraire de ce qu'on pense
novateur (adj.) :
nouveau, original
provocateur (adj.) :
choquant, offensant
craindre (v.) :
avoir peur
asocial (adj.) :
mal adapté à la société
iconoclaste (adj.) :
qui a peu de respect
pour les normes sociales
manipuler (v.) :
utiliser, faire usage
crise cardiaque (loc.) :
un arrêt du cœur
épuisement (n.m.) :
la fatigue

YANNICK NOAH

Yannick Noah, la personnalité préférée des Français, est un champion de tennis reconverti en chanteur et acteur de cinéma. Né en 1960 à Sedan dans l'est de la France, son père camerounais était joueur de football. Noah vit désormais à New York et son fils Joakim (2,11m.), qu'il a eu avec sa première épouse (Miss Suède 1978), joue dans l'équipe de basket-ball des Chicago Bulls.

Lorsque Yannick Noah gagne en 1983 le tournoi de Roland Garros à Paris, une grande émotion s'empare de la France, qui attendait son héros depuis que les « quatre mousquetaires » (Lacoste, Borotra, Cochet et Brugon) avaient régné sur la Coupe Davis à la fin des années 20. Tout le monde aujourd'hui se souvient du style acrobatique et fantasque du grand Noah sur les courts de tennis, de son « look » à la Bob Marley mais aussi des hauts et des bas de sa carrière.

Renonçant à la compétition au début des années 90, Noah se concentre alors sur la musique et depuis *Saga Africa* qu'on entendait sur toutes les radios en 1991, Noah a produit plusieurs albums, très influencés par les musiques du monde. Ses origines métisses lui permettent de représenter une France multiculturelle, ouverte sur la diversité. Noah insère des messages politiques dans ses textes, défend les causes humanitaires, participe à des organisations caritatives, fait la promotion du commerce équitable, de l'agriculture biologique... Comme il le dit dans une chanson : « Il est grand temps qu'on propose un monde pour demain » (A*ux arbres, citoyens*, 2006).

Autour du texte

Lire

1. Dans quel sport Yannick Noah s'est-il distingué ?
2. Pourquoi peut-on dire que Yannick Noah est une personnalité cosmopolite ?
3. Quelle grande compétition sportive a-t-il gagné ? En quelle année ?
4. Comment peut-on décrire Yannick Noah ?
5. À quelle époque a-t-il arrêté le tennis ?
6. Que fait-il depuis cette époque ?
7. Qu'est-ce qui montre que Yannick Noah s'intéresse au futur de la planète, aux grands problèmes contemporains ?

Parler

■ Commentez cette phrase de Yannick Noah : « Il est grand temps qu'on propose / Un monde pour demain » (*Aux arbres, citoyens*, 2006).

■ Choisissez et commentez la proposition qui vous paraît la plus exacte :
- Les « célébrités » ont le devoir de s'impliquer dans les causes sociales.
- On ne doit pas mélanger le spectacle et la politique.

Rechercher

■ Le symbole national auquel la chanson *Aux arbres, citoyens* fait référence.
■ Les objectifs et le fonctionnement du « commerce équitable ».

Lexique

reconverti (adj.) : recyclé, réorienté
désormais (adv.) : maintenant, aujourd'hui
s'emparer (v.) : saisir, envahir, toucher fortement
régner (v.) : dominer
se souvenir (v.) : avoir en mémoire, se rappeler
fantasque (adj.) : excentrique, extravagant
renoncer (v.) : abandonner, laisser, quitter
métis (n. et adj.) : d'origine mélangée, mixte
permettre (v.) : donner la possibilité, l'opportunité
biologique (adj.) : organique, naturel

ÉDITH PIAF

Sa personnalité, l'aventure de sa vie, ses œuvres, son talent exceptionnel, tout contribue à former un grand mythe : la « môme Piaf », 1,47 m., toute frêle, fille d'un acrobate et d'une chanteuse de rue, c'est l'histoire peu ordinaire d'une femme dont la passion et l'énergie étaient immenses, depuis ses débuts d'adolescente dans les cabarets de Pigalle des années trente jusqu'à la dame de la maturité, épuisée par la maladie, l'alcool, les médicaments et le travail.

Les chansons de Piaf sont des classiques qui racontent l'amour : *Mon légionnaire* (1936), qui l'a rendue célèbre à 21 ans ; *La vie en rose*, qu'elle a écrit en 1945, après les années noires de la guerre ; *L'hymne à l'amour*, qu'elle compose en 1949, au soir de la mort dans un accident d'avion de son compagnon Marcel Cerdan, champion du monde de boxe ; plus tard, c'est *Milord* (1957), puis *Non je ne regrette rien* (1959). Au cours de sa carrière, Édith Piaf a écrit près de 80 titres et elle en a interprété beaucoup d'autres composés pour elle.

Le public s'est identifié aux accents vrais et émouvants de cette femme qui chante la classe populaire, le monde de la prostitution, le petit peuple parisien. La destinée de Piaf a été courte, chaotique et tragique, elle chantait ses chansons avec la même ferveur qu'elle vivait sa vie.

Édith Piaf meurt en 1963, à l'âge de 47 ans. Dans le film d'Olivier Dahan, *La môme* (2007), Marion Cotillard fait revivre cette légende de la chanson française.

Lexique

œuvre (n.f.) :
une production artistique
môme (n.m./f. ; familier) :
une gamine, un enfant
frêle (adj.) :
mince, fragile
adolescent (adj.) :
un jeune de 12 à 18 ans
Pigalle (n.p.) :
un quartier populaire
de Paris
épuisé (adj.) :
fatigué, surmené
accent (n.m.) :
le ton, l'atmosphère,
le caractère
émouvant (adj.) :
qui inspire de l'émotion
ferveur (n.f.) :
la passion

Autour du texte

Lire

1. Qui était Édith Piaf ? Comment était-elle physiquement ?
2. Que faisaient le père, la mère de Piaf ?
3. Comment a commencé la carrière d'Édith Piaf ?
4. Quel était le sujet principal de ses chansons ?
5. Dans quelles circonstances a-t-elle écrit *L'hymne à l'amour* ?
6. Pourquoi *La vie en rose* exprime-t-elle l'optimisme ?
7. Pour quelles raisons Édith Piaf était-elle admirée ?
8. Comment était-elle à la fin de sa vie ?
9. Quelle actrice a joué le rôle de Piaf au cinéma ? Dans quel film ?

Parler

■ Commentez cette phrase d'Édith Piaf : « C'est l'amour qui fait rêver ».
■ Expliquez cette remarque de Marlène Dietrich : « Le seul mot qui peut remplacer Paris, c'est le mot Piaf ».
■ Citez des exemples d'artistes dans le monde qui expriment dans leurs œuvres la passion, l'amour...

Rechercher

■ Les textes de grandes chansons de Piaf.
■ Des détails biographiques sur l'enfance d'Édith Piaf.

YVES SAINT LAURENT

Les initiales « YSL » représentent la signature d'un couturier qui a uni la mode aux arts, qui a concilié l'émancipation des femmes et l'affirmation de leur féminité. En phase avec son époque, Yves Saint Laurent est l'héritier de Coco Chanel pour ses silhouettes qui libèrent les femmes et le successeur de Christian Dior pour ses lignes gracieusement féminines.

Saint Laurent n'a que 26 ans lorsqu'il fonde en 1962 sa Maison de couture parisienne. Travailleur humble, cultivé et novateur, ses créations bouleversent immédiatement le monde de la haute couture ; le vêtement masculin est féminisé pour recomposer des figures contemporaines, androgynes : le « smoking », le tailleur-pantalon, la saharienne, le blazer, le caban… Saint Laurent impose aussi un style d'une suprême élégance par la richesse des tissus, ses références aux cultures du monde, ses « hommages » aux peintres. Pour Jean-Paul Gaultier, « Yves Saint Laurent a ouvert des portes fermées devant nous ».

Catherine Deneuve, que Saint Laurent a habillée dans la vie et au cinéma pendant trente ans, a ces mots lorsque le grand couturier décide de se retirer en 2002 : « Ses créations dureront, continueront de vivre et d'inspirer d'autres gens. Mais le retrait de quelqu'un qui a tellement aimé les femmes, qui les a habillées avec autant de talent, va créer un grand vide ».

À sa mort en 2008, Saint Laurent reçoit les honneurs militaires en sa qualité de Grand Officier de la Légion d'honneur. Les cendres de son corps ont été placées dans le jardin de sa maison de

Lexique

concilier (v.) :
rendre compatible, accorder

en phase (loc.adv.) :
les attitudes, les actions

héritier (n.m.) :
le successeur, le continuateur

novateur (adj.) :
pionnier, inventeur

bouleverser (v.) :
transformer, changer
radicalement

androgyne (adj.) :
mi-homme, mi-femme

tissu (n.m.) :
le textile, le matériel
des vêtements

vide (n.m.) :
une absence, un manque

cendres (n.f.pl.) :
les restes du corps après
la crémation

Autour du texte

Lire

1. Quel est le métier d'Yves Saint Laurent, son domaine professionnel ?
2. Qui sont les grands prédécesseurs de Saint Laurent ?
3. Pourquoi peut-on dire que Saint Laurent a commencé sa carrière très jeune ?
4. Qu'est-ce qui caractérise le style Saint Laurent ?
5. Quel a été la contribution d'Yves Saint Laurent à la mode selon Jean-Paul Gaultier ?
6. Quelle relation existait-il entre Catherine Deneuve et Saint Laurent ?
7. De quelle manière commente-t-elle son départ du monde de la mode ?
8. Qu'est-ce qui montre que Saint Laurent était une personnalité nationale ?
9. Où repose Saint Laurent aujourd'hui ?

Parler

■ Commentez cette phrase de Pierre Bergé, co-fondateur de la Maison YSL :
« Entre Saint Laurent et la mode, c'était une histoire d'amour ».

■ On peut remarquer que la plupart des grands couturiers sont des hommes, qu'en pensez-vous ?

■ Nommez les grands couturiers contemporains, dites le rôle qu'ils jouent dans la société, dans l'économie.

Rechercher

■ Des détails biographiques sur la vie de Saint Laurent et sur ses créations.

■ Yves Saint Laurent a inventé le « prêt-à-porter de luxe ». Comment ?

■ De quoi s'agit-il ?

PHILIPPE STARCK

Le designer Philippe Starck renouvelle l'aspect des objets et des lieux qui nous entourent et qui comptent dans notre vie : les restaurants, les hôtels, les cafés, les appartements, les bureaux d'entreprise, les usines, le mobilier urbain mais aussi les brosses à dents, les appareils électriques, les lampes, les yachts, les motos, les paquets de riz et de spaghettis, les chaises, les couteaux, les valises, les téléphones, les lits, les baignoires, les vêtements, les lunettes… La liste est longue, presque infinie.

Starck a commencé sa carrière en créant une maison gonflable, deux night-clubs parisiens qui deviennent aussitôt les endroits les plus branchés de la capitale et en rénovant les appartements privés du président de la République, au palais de l'Élysée.

Depuis plus de trente ans, Starck travaille avec un crayon et du papier, jamais sur ordinateur, parce qu'il pense que les logiciels limitent la créativité. Il a reçu des dizaines de prix internationaux et ses objets – dont le fameux presse-citron, figure iconique du design contemporain – sont exposés dans des galeries et musées du monde entier.

Pour Starck, l'objet doit être démocratique, bon marché, il doit améliorer la vie quotidienne et rendre les gens heureux. Starck ajoute qu'il faut remplacer le « beau » par le « bon », car la beauté n'est pas une valeur stable, alors que la bonté crée toujours du plaisir.

Existe-il un style « Starck » ? Le designer pense que non, il préfère dire qu'il est réceptif à toutes sortes d'influences, et cela inclut ce qu'il nomme les « micro-informations », trouvées par exemple dans les poubelles de Tokyo qu'il rapportait dans sa chambre d'hôtel pour en examiner le contenu.

Autour du texte

Lire

1. Quel est le métier de Philippe Starck ?
2. Pourquoi peut-on dire que Starck est un créateur éclectique ?
3. Avec quels projets a-t-il commencé sa carrière ?
4. De quelle manière Starck réalise-t-il ses dessins ?
5. Quel est l'objet culte dessiné par Starck ?
6. Qu'est-ce qui montre que Philippe Starck est internationalement célèbre ?
7. Pour Starck, quelles sont les qualités que doit avoir un objet ?
8. Qu'est-ce que Starck oppose à la « beauté » ? Pourquoi ?
9. Comment Starck trouve-t-il son inspiration ?

Parler

■ Commentez cette remarque de Philippe Starck :
« Tout le monde peut vivre sans ce que je fais ».
■ Donnez votre avis sur les propositions suivantes :
- Les designers sont importants pour notre vie quotidienne.
- Le « bon » est supérieur au « beau ».

Rechercher

■ Des créations de Starck : objets, architecture, nourriture...
■ Des villes du monde où se trouvent des bâtiments ou des lieux conçus par Philippe Starck.

Lexique

entourer (v.) :
être autour
compter (v.) :
être important, essentiel
gonflable (adj.) :
qu'on peut remplir d'air, comme un ballon
endroit (n.m.) :
un lieu
branché (adj.) :
tendance, à la mode
logiciel (n.m.) :
un programme informatique pour ordinateur
améliorer (v.) :
rendre meilleur
poubelle (n.f.) :
un récipient pour placer les déchets, les ordures
rapporter (v.) :
prendre avec soi, ramener chez soi, emporter

POUR FAIRE LE POINT

De quelles icônes s'agit-il ?

1. C'est une toute petite femme qui avait une énergie extraordinaire et qui chantait l'amour avec passion.

2. Très provocateur, il est le premier à avoir modifié la musique de la *Marseillaise*.

3. Ils représentent la France et cela se voit à la couleur de leurs maillots.

4. Ce monsieur a défendu la cause des pauvres toute sa vie.

5. Sans elle, les femmes seraient peut-être toujours prisonnières de leurs corsets.

6. Elle a inspiré de grands metteurs en scène, un célèbre couturier et le visage de Marianne.

7. Il a été champion à Roland Garros, mais maintenant, c'est plutôt le reggae qui l'intéresse.

8. On se souvient aujourd'hui de lui comme un clown tragique au grand cœur.

9. C'est un grand créateur qui a retiré aux hommes le monopole du vêtement masculin.

Les réponses sont page 189.

HISTOIRE, INSTITUTIONS

ACADÉMIE FRANÇAISE

Cette assemblée prestigieuse est composée de quarante membres élus à vie. Elle est chargée de veiller, depuis sa fondation en 1635, à l'intégrité de la langue française, à son usage, ses règles, son évolution.

L'une des tâches principales des « Immortels » qui se réunissent sous la coupole de l'Institut de France, à Paris, est l'élaboration d'un dictionnaire des mots français. Depuis le 17e siècle, l'Académie française a publié huit éditions de ce dictionnaire. La neuvième édition est en cours de publication depuis 1992, les académiciens travaillent actuellement sur la lettre « P ».

À la mort d'un des Immortels, un nouveau membre est élu pour occuper le fauteuil vacant. Il prononce alors un discours de réception dans lequel il fait l'éloge de son prédécesseur. Parmi les 700 membres qui ont siégé à l'Académie depuis qu'elle existe figurent des noms célèbres : Montesquieu, Voltaire, Chateaubriand, Lamartine, Hugo. La première femme, Marguerite Yourcenar, a été admise en 1980. François Cheng, d'origine chinoise, a été élu parmi les Immortels en 2002.

Lexique

veiller (v.) :
surveiller, prendre soin,
s'occuper de quelque chose
intégrité (n.f.) :
l'exactitude, l'authenticité
tâche (n.f.) :
un rôle, un devoir,
une mission, un travail
coupole (n.f.) :
le dôme surmontant
un édifice, un bâtiment
élire (v.) :
choisir, nommer, désigner
par un vote
vacant (adj.) :
libre
faire l'éloge (loc.v.) :
rendre hommage,
prononcer des louanges
siéger (v.) :
avoir un siège (un fauteuil)
dans une assemblée

Autour du texte

Lire

1. L'Académie française date de quelle époque ?
2. Où est-elle située ?
3. Quelle est sa mission ?
4. Combien de personnes participent
   à cette assemblée ?
5. Quelle est la durée de leur mandat ?
6. Quel est le surnom donné aux membres ?
7. Quel est le travail des académiciens ?
8. De quelle manière les nouveaux
   académiciens commencent-ils leur carrière ?
9. Y a-t-il eu beaucoup d'académiciennes
   sous la Coupole ?

Parler

■ Présentez des assemblées comparables
à l'Académie française dans le monde.
■ Donnez votre opinion sur ces propositions :
- Il n'est pas nécessaire de protéger la langue
française.
- Il est important de préserver la diversité
linguistique dans le monde.

Rechercher

■ Le fondateur et les circonstances
de la création de l'Académie française.
■ Les différentes académies situées à l'Institut
de France.
■ Le sens de ce jeu de mots d'Alphonse Allais
au sujet des académiciens : « Pourquoi dit-on
qu'ils sont immortels alors qu'ils ne dépassent
jamais la quarantaine ? »

ASTÉRIX ET OBÉLIX

Personnages de bande dessinée créés en 1960 par Uderzo (dessinateur) et Goscinny (scénariste), les deux Gaulois Astérix et Obélix habitent le seul village (imaginaire) de la Gaule que les occupants romains ne parviennent pas à conquérir.

Comment expliquer ce phénomène ? Une potion magique, bien sûr, préparée par Panoramix le druide du village et qui rend les Gaulois invincibles. Mais les Gaulois ont d'autres armes : ils sont astucieux et combatifs, toujours prêts à défendre leur territoire.

Les Français se reconnaissent dans ces histoires qui « racontent » avec humour leurs ancêtres de l'An 50 avant l'ère chrétienne : irritables, fiers, rebelles, désordonnés, indépendants, ces Gaulois retranchés dans leur village caricaturent des millions de Français et leurs relations, souvent turbulentes, avec leurs voisins.

Les aventures d'Astérix et d'Obélix ont été vendus à plus de 300 millions d'exemplaires dans le monde, ont été traduites en une centaine de langues. En 2009, le 34e album de la série a été publié sous le titre L'*Anniversaire d'Astérix et d'Obélix*, pour célébrer les 50 ans des deux Gaulois les plus célèbres du monde.

Lexique

bande dessinée (n.f.) :
une série d'images qui
raconte une histoire
Gaule (n.p.) :
le nom donné à la France
par les Romains dans
l'Antiquité
parvenir (v.) :
être en mesure de faire
quelque chose, accomplir
une action
potion (n.f.) :
un remède, un traitement
médicinal
druide (n.m.) :
un prêtre celte
astucieux (adj.) :
ingénieux, qui a beaucoup
d'idées
irritable (adj.) :
coléreux
retranché (adj.) :
à l'abri, fortifié, protégé
caricaturer (v.) :
représenter, dépeindre
avec humour, ironie
turbulent (adj.) :
mouvementé,
tumultueux, chaotique

Autour du texte

Lire

1. Sous quelle forme sont présentées
   les aventures d'Astérix et d'Obélix ?
2. Depuis quand la série existe-t-elle ?
3. À quelle époque sont situées les histoires
   d'Astérix et d'Obélix ?
4. Comment se nommaient les Français
   à cette période ?
5. Comment les habitants du village d'Astérix
   et d'Obélix résistent-ils aux envahisseurs
   romains ?
6. De quelle manière les Français se
   retrouvent-ils dans les aventures
   et les personnages d'Astérix et d'Obélix ?
7. Qu'est-ce qui montre que les histoires
   d'Astérix et Obélix ont rencontré
   un grand succès ?

Parler

■ Citez des exemples dans le monde
de peuples qui résistent à leurs envahisseurs.
■ Présentez les caractéristiques d'une bande
dessinée, ses particularités en comparaison avec
d'autres moyens d'expression.

Rechercher

■ Les évènements dans l'histoire
de France récente auxquels peuvent
faire référence les aventures d'Astérix
et d'Obélix.
■ La manière dont les aventures d'Astérix
et d'Obélix prennent fin, d'habitude.
■ Les albums d'Astérix et d'Obélix
qui racontent leurs voyages.
■ Les noms des personnages dans les
aventures d'Astérix et d'Obélix, leur
formation, leur origine.

CHÂTEAUX DE LA LOIRE

Il y a un roi de France au Moyen-Âge qu'on appelait le « petit roi de Bourges » parce que son domaine se limitait pratiquement à cette petite ville au sud de la Loire. Le reste du territoire était aux mains des Anglais et des Bourguignons, leurs alliés. La France allait disparaître, passer sous la couronne d'Angleterre. Mais Jeanne d'Arc a sauvé la situation et le roi de Bourges a finalement été sacré en 1429 dans la cathédrale de Reims.

Charles VII, lorsqu'il résidait à Bourges, ne se doutait pas que la Loire, pays de Rabelais, de Ronsard, allait bientôt devenir la région la plus française de la France. On dit en effet aujourd'hui que c'est ici que l'on parle le français le plus pur, que le climat est le plus doux ; et c'est ici que les futurs rois et reines de France allaient construire leurs plus belles résidences de villégiature. Cette période de faste, de splendeur architecturale inspirée par l'Italie et ses artistes a ouvert une nouvelle ère, la Renaissance française, qui a bouleversé le pays et l'a fait entrer dans la modernité. Les noms de ces prestigieux châteaux sont désormais des classiques : Amboise, Chambord, Chenonceau, Blois, Azay-le-Rideau, Villandry… Visités par des centaines de milliers de touristes chaque année, ces châteaux ont inspiré d'autres créateurs : Walt Disney a pris le château d'Ussé comme modèle pour *La Belle au bois dormant* et Hergé celui de Cheverny pour le château de Moulinsart, résidence du capitaine Haddock, grand compagnon de Tintin.

Autour du texte

Lire

1. Quel était le surnom de Charles VII ?
2. Dans quelle région vivait-il ?
3. La France était contrôlée par qui à cette époque ?
4. Grâce à qui Charles VII a-t-il pu devenir roi de France ?
5. Pourquoi dit-on que la Loire est la plus française des régions ?
6. Quelle époque de l'histoire française représentent les châteaux de la Loire ?
7. Qui vivait dans ces châteaux ?
8. Quels châteaux ont servi de référence à de célèbres personnages ?

Lexique

sauver (v.) : venir en aide

sacrer (v.) : recevoir un sacrement

ne pas se douter (v.) : ne pas savoir, ne pas présager ou prévoir

villégiature (n.f.) : les vacances

faste (n.m.) : la richesse, le luxe

bouleverser (v.) : transformer, changer radicalement

Parler

■ Présentez des sites historiques dans le monde qui marquent une époque importante d'une région, d'un pays, d'une culture.

■ Donnez votre opinion sur ces propositions :
- Il est essentiel de préserver le patrimoine historique d'un pays, d'une région.
- Il est préférable de donner la priorité au développement, le passé est moins important.

Rechercher

■ L'artiste italien qui a été invité par François 1er au Clos Lucé, près d'Amboise.

■ La raison pour laquelle Chenonceau a été nommé le « château des femmes ».

■ Un château particulier de la Loire célèbre pour ses jardins.

■ Le sens de l'expression : « Bâtir des châteaux en Espagne ».

CLOCHER

Après l'élection historique du socialiste François Mitterrand à la présidence de la République en mai 1981, les observateurs politiques se sont beaucoup interrogés sur l'impact de la stratégie promotionnelle élaborée par le publicitaire Jacques Séguela pour le candidat Mitterrand. On se demandait en particulier quelle influence avait eue sur les électeurs cette célèbre affiche du futur président posant devant un paysage de campagne rosissante (la couleur des socialistes) où l'on distingue le clocher d'une église. Un slogan tout simple complétait cette affiche : « La force tranquille ».

Pour rassurer une catégorie de Français inquiets du chaos qu'entraînerait l'élection d'un candidat de la gauche – le pays avait été gouverné par des conservateurs depuis le début de la IIIᵉ République, à l'exception d'un intermède en 1936-38 avec Léon Blum et le Front Populaire, il fallait donc suggérer une image rassurante, réconfortante : le clocher d'un village s'est ainsi imposé comme l'élément-clé de la campagne électorale finalement triomphante de François Mitterrand.

Le clocher représente la tradition, ce sont les paysans du tableau de Millet qui se recueillent dans un champ au moment où sonnent les cloches pour l'Angélus ; c'est la France profonde, historique, rurale, nourricière. Le clocher est au centre du paysage français, on l'aperçoit partout dans les provinces. Pendant des siècles, l'église a été l'édifice le plus imposant du village, de la ville. On entend de loin le son de ses cloches, qui annoncent les heures et les jours.

La force tranquille.

Mitterrand Président

Autour du texte

Lire

1. Quel évènement politique a eu lieu en France en mai 1981 ?
2. À quel parti appartenait François Mitterrand ?
3. En quoi l'élection de Mitterrand avait un caractère exceptionnel ?
4. Que décrivait l'affiche électorale du candidat Mitterrand ?
5. Quel rôle a joué le clocher dans la campagne électorale ?
6. Pourquoi le clocher est-il important dans la vie française ?
7. Pour quelle raison sonnent les cloches ?

Parler

■ Commentez le slogan électoral de François Mitterrand : « La force tranquille ».
■ Selon vous, que promettent avant toute chose les candidats aux élections ?
■ Débattez les propositions suivantes :
- En politique, l'image du candidat est plus importante que son programme.
- Après leur élection, les politiciens ne tiennent pas leurs promesses.

Rechercher

■ La durée de la présidence de François Mitterrand, le nom de ses successeurs, leur appartenance politique, la durée de leur mandat.
■ Le sens du mot « cohabitation » dans le contexte de la présidence de Mitterrand.
■ Des exemples de grandes réalisations architecturales à Paris durant la présidence de Mitterrand.

Lexique

affiche (n.f.) :
un poster posé sur un mur, dans les rues
paysage (n.m.) :
une vue d'ensemble, une perspective
rosissant (adj.) :
de couleur rose
distinguer (v.) :
voir, apercevoir
clocher (n.m.) :
la tour de l'église où sont situées les cloches
inquiet (adj.) :
anxieux
entraîner (v.) :
provoquer, causer, avoir pour conséquence
se recueillir (v.) :
prier
Angélus (n.p.) :
une prière catholique évoquant l'Annonciation
nourricier (adj.) :
qui nourrit, qui procure la nourriture

COQ

Pour les Romains conquérants de la Gaule au premier siècle av. J.-C., ce « gallinacé » (lat. gallina, poule) désignait aussi les Gaulois (gallus). Depuis, le coq (onomatopée, lat. coccus) est devenu peu à peu l'un des emblèmes de la nation française : d'abord au cours du Moyen-Âge et de l'Ancien Régime, puis surtout pendant la Révolution. Napoléon préférait l'aigle, mais la IIIe République (1870) a définitivement consacré le coq en le plaçant sur la monnaie, les timbres, les uniformes.

Le coq est partout présent en France : son chant matinal annonce l'aube, les girouettes en forme de coq sur le clocher des églises indiquent la direction du vent. On le voit aussi sur les maillots des équipes sportives nationales qui défendent l'honneur du pays. Le cri du coq, rendu par l'onomatopée « cocorico », peut même signifier dans la langue un excès de chauvinisme.

L'image de cet animal n'est pas toujours flatteuse, le coq apparaît souvent en effet comme un esprit mâle et dominateur, arrogant et fier. Mais on lui attribue également certains traits positifs dans lesquels les Français veulent bien se reconnaître : combatif, exemplaire, courageux, tenace, indépendant.

Lexique

désigner (v.) :
nommer, appeler
emblème (n.m.) :
un symbole
consacrer (v.) :
déclarer, établir comme
une règle
aube (n.f.) :
le début du jour
maillot (n.m.) :
un vêtement, un uniforme
chauvinisme (n.m.) :
l'admiration exclusive
de son pays
esprit (n.m.) :
le caractère
fier (adj.) :
orgueilleux, rogue
(*contr.* : modeste, humble)
trait (n.m.) :
une caractéristique
tenace (adj.) :
résistant, ferme,
persévérant

Autour du texte

Lire

1. Quel nom les Romains donnaient au peuple de Gaule ?
2. Quelle est l'origine de ce nom ?
3. À quelle période le coq est-il devenu un symbole officiel de la France ?
4. Le chant du coq correspond à quel moment de la journée ?
5. À quoi sert la girouette sur le clocher des églises ?
6. Sur quels objets peut-on trouver le coq, symbole national français ?
7. Quelle expression décrit une ferveur nationale exagérée ?
8. Quelles sont les qualités du coq ?
9. Quels sont ses défauts ?

Parler

■ Selon vous, le coq est-il un bon représentant du caractère national ?
■ Citez des pays ou des régions qui sont symbolisés par des animaux.
■ Présentez d'autres types d'objets ou de formes utilisés pour créer des signes et des symboles.

Rechercher

■ Des circonstances où des animaux sont utilisés pour illustrer des caractères, des traits psychologiques.
■ Le sens des expressions : « Avoir la chair de poule » et « Quand les poules auront des dents ».

CHARLES DE GAULLE

La place essentielle qu'occupe le général de Gaulle dans l'imaginaire national français s'explique par le rôle qu'il a joué au cours de la seconde guerre mondiale (1939-45). Depuis Londres, où il appelait les Français à résister à l'occupation nazie dès le 18 juin 1940, jusqu'au moment où il descendait l'avenue des Champs-Élysées à la libération de Paris le 26 août 1944, de Gaulle a incarné la France libre et résistante contre l'ennemi et l'envahisseur.

En 1958, de Gaulle devient le premier président de la Ve République. La nouvelle Constitution, réservant au président un pouvoir sans précédent sur les affaires de la nation, fournit à de Gaulle l'opportunité de tester, pendant une décennie, son projet pour la France : une nation forte, unie, indépendante, influente, sûre de sa tradition républicaine et profondément européenne. Cet idéal national du général est ainsi devenu le gaullisme et ses valeurs sont aujourd'hui encore au cœur de la politique de ses successeurs.

Un an après les évènements de Mai 1968, qui ont fortement secoué le pays, les Français ont finalement désapprouvé le général à l'occasion d'un référendum, le forçant à démissionner de la présidence en avril 1969. À 79 ans, le héros de la guerre se retirait donc enfin de la vie politique pour écrire ses mémoires. Il meurt en novembre 1970.

Trente-cinq ans plus tard, en 2005, les Français étaient appelés à voter pour élire le plus grand homme de leur histoire : ils ont choisi le général de Gaulle.

Autour du texte

Lire

1. Que représente de Gaulle pour les Français ?
2. Comment le général de Gaulle est-il associé à la seconde guerre mondiale ?
3. De Gaulle a été président pendant quelle période ?
4. Quelle était la particularité de la nouvelle Constitution, en 1958 ?
5. De Gaulle avait quelle vision pour la France ?
6. Quel nom donne-t-on aux valeurs défendues par de Gaulle ?
7. Comment de Gaulle a-t-il quitté la politique ? Dans quelles circonstances ?
8. Qu'est-ce qui montre que les Français restent attachés à de Gaulle ?

Lexique

incarner (v.) :
représenter, symboliser
envahisseur (n.m.) :
qui occupe, envahit
un pays, une région
sans précédent (loc.adv.) :
qui n'a jamais eu lieu avant
fournir (v.) :
donner, procurer
décennie (n.f.) :
une période de dix ans
secouer (v.) :
ébranler, déstabiliser,
toucher fortement
démissionner (v.) :
abandonner, quitter,
renoncer à quelque chose
élire (v.) :
choisir, nommer, désigner
par un vote

Parler

■ Décrivez la situation de la France pendant la seconde guerre mondiale, les circonstances de la libération de la France en 1944.
■ Commentez cette remarque du général de Gaulle : « Comment voulez-vous gouverner un pays où il existe 258 variétés de fromage ? »
■ Présentez des héros nationaux dans le monde.

Rechercher

■ Des lieux en France nommés d'après le nom du général.
■ Le sens de cette citation du général de Gaulle : « Le patriotisme, c'est aimer son pays ; le nationalisme, c'est détester celui des autres ».

JEANNE D'ARC

 ette jeune fille née d'une famille de paysans de l'est de la France est une héroïne nationale. Son épopée extraordinaire de 1429 à 1431 a permis au pays de retrouver son indépendance et son unité grâce à ses campagnes militaires victorieuses contre les ducs de Bourgogne et leurs alliés, les Anglais.

À l'âge de treize ans, Jeanne entend des voix célestes qui lui demandent de libérer le royaume occupé par les Anglais et d'installer le dauphin Charles VII sur le trône de France. Trois ans plus tard, la jeune fille rassemble une armée de soldats enthousiastes, libère la ville d'Orléans alors aux mains des ennemis et conduit finalement le dauphin à son sacre dans la cathédrale de Reims. Après d'autres batailles, Jeanne est capturée près de Paris par les Bourguignons en juillet 1430. La jeune fille est emprisonnée puis condamnée pour hérésie. Elle est brûlée vive sur une place de Rouen en mai 1431.

Jeanne d'Arc, appelée aussi la pucelle d'Orléans, représente la victoire de la sincérité et de la foi contre la violence et l'injustice. À une période critique de l'histoire du pays, Jeanne la charismatique a redonné l'espoir à son peuple. Sa statue est souvent présente dans les églises de France ou sur les places des villes et villages.

Jeanne d'Arc a été aussi souvent revendiquée comme symbole par certains mouvements nationalistes. Elle incarne dans ce cas l'idée de « pureté » de la nation mise en danger par les envahisseurs et les étrangers.

Autour du texte

Lire

1. À quelle époque a vécu Jeanne d'Arc ?
2. Pourquoi est-elle une héroïne de la France ?
3. Que symbolise-t-elle pour la France ?
4. Pourquoi est-elle partie en guerre contre l'ennemi ?
5. Quel âge avait-elle lors de la bataille d'Orléans ?
6. Qui a été couronné roi de France à Reims ?
7. Comment l'aventure de Jeanne d'Arc s'est-elle terminée ?
8. Comment l'histoire de Jeanne d'Arc est-elle exploitée à des fins politiques ?

Parler

■ Nommez et présentez des femmes héroïnes dans le monde.
■ Débattez ces propositions :
- Être patriote, ce n'est pas nécessairement être raciste.
- Dans 50 ans, nous serons tous des « citoyens du monde ».

Rechercher

■ Une brève biographie de la vie de Jeanne d'Arc.
■ Le contexte historique de la vie de Jeanne d'Arc, la Guerre de Cent Ans.

Lexique

héroïne (n.f.) :
forme féminine de **héros**
épopée (n.f.) :
une histoire, une aventure
grâce à (loc.prép.) :
à la suite de
campagne militaire (n.f.) :
une bataille
sacre (n.m.) :
un couronnement
hérésie (n.f.) :
une trahison, une sécession
pucelle (n.f.) :
une jeune fille vierge
foi (n.f.) :
une conviction,
une croyance
espoir (n.m.) :
la certitude, la confiance
revendiqué (adj.) :
utilisé
incarner (v.) :
représenter

LÉGION D'HONNEUR

L a plus haute des distinctions françaises a été créée en 1802 par le premier consul Bonaparte, futur empereur Napoléon 1er. Pour lui, la Légion d'honneur, parfois appelée la « croix des braves », devait « récompenser les militaires mais aussi les services et vertus civils ». Cette récompense, dont la devise est « Honneur et Patrie », est décernée par le président de la République.

Il existe trois grades et deux dignités dans la hiérarchie de cette distinction : Chevalier, Officier, Commandeur, puis Grand Officier et Grand'Croix. Parmi les récipiendaires de la plus haute distinction, très rarement attribuée, figurent Louis Pasteur, Gustave Eiffel, Claude Levi-Strauss et l'abbé Pierre. Selon un décret du général de Gaulle, le nombre des « légionnaires vivants » de tous grades, français ou non-français, ne peut pas dépasser 125 000. Les deux-tiers de ces légionnaires sont des militaires, le reste est composé de civils.

Les femmes constituent actuellement 10% seulement du corps de la Légion d'honneur. Toutefois, le nombre de femmes ayant reçu cette distinction est en forte augmentation depuis ces vingt dernières années. Certains nominés notoires ont choisi de ne pas accepter cet honneur, comme George Sand, Guy de Maupassant, Pierre et Marie Curie, Jean-Paul Sartre, Simone de Beauvoir, Albert Camus, Catherine Deneuve, Brigitte Bardot.

Autour du texte

Lire

1. Qui a fondé la Légion d'honneur et à quelle époque ?
2. À qui est-elle destinée ?
3. Qui remet cette décoration aux lauréats ?
4. Parmi les différents degrés, quel est le plus prestigieux ?
5. Doit-on être français pour recevoir la Légion d'honneur ?
6. Quel groupe est majoritaire parmi les légionnaires ?
7. Quel est le nombre maximum de légionnaires ?
8. Y a-t-il beaucoup de femmes légionnaires ?
9. Existe-t-il des cas où un récipiendaire refuse cette décoration ?

Parler

- Citez des distinctions nationales dans d'autres pays.
- Commentez les opinions contradictoires suivantes :
- Les médailles ne sont importantes que pour ceux qui les donnent ou qui les reçoivent.
- Les récompenses nationales encouragent les citoyens à contribuer au développement du pays.

Rechercher

- Les différents ordres de mérite national en France. Les disciplines, les domaines récompensés par ces distinctions.
- Le sens de cette remarque de E.M. Cioran : « On n'habite pas un pays, on habite une langue. Une patrie, c'est cela et rien d'autre » (*Aveux et anathèmes*, 1987).

Lexique

distinction (n.f.) : récompense officielle, décoration

vertu (n.f.) : qualité, action noble

décerner (v.) : attribuer, accorder

grade (n.m.) : degré, échelon

dépasser (v.) : excéder, surpasser

corps (n.m.) : groupe, ensemble, assemblée

notoire (adj.) : célèbre, fameux, connu

MAI 68

Les évènements qui ont eu lieu en mai 1968 sont à la fois le résultat d'une crise en gestation et le point de départ de nombreux changements dans la société française. La révolte de 68 a été le fait d'une jeunesse lassée des valeurs consuméristes de la France conservatrice de l'après-guerre, menée par le général de Gaulle.

Mai 68 a été marqué par les manifestations massives des étudiants à Paris et dans toutes les villes de France, les grèves générales des employés et des ouvriers solidaires, les violents affrontements avec la police, la paralysie économique du pays. La France était soudainement confrontée à un mouvement radical de sa jeunesse et des travailleurs réclamant une société plus juste, plus libre, plus centrée sur la dimension humaine de ses citoyens. Un célèbre graffiti sur un mur de l'Université Censier à Paris résume l'esprit de 68 : « L'émancipation de l'homme sera totale ou ne sera pas ».

Une solution politique a permis de sortir de la crise : le parlement a été dissous fin mai et les élections du mois suivant ont assuré une majorité encore plus solide aux députés conservateurs. Le mouvement s'est ainsi éteint, mais les idées de Mai 68 ont survécu. De nombreuses réformes qui ont suivi ont été inspirées par les revendications des manifestants. Beaucoup de responsables politiques et économiques aujourd'hui sont d'anciens « soixante-huitards ».

Autour du texte

Lire

1. Comment s'explique le mouvement de protestation de Mai 68 ?
2. Qui dirigeait la France à cette époque ?
3. Qui étaient les manifestants ?
4. Que s'est-il passé durant ces manifestations ?
5. Quelles étaient les demandes des manifestants ?
6. Comment le mouvement a-t-il cessé ?
7. Comment peut-on dire que Mai 68 subsiste toujours aujourd'hui ?
8. Quelle expression familière qualifie un manifestant de Mai 68 ?

Parler

■ Citez des exemples de mouvements populaires récents dans le monde qui ont menacé des gouvernements.
■ Dites si, selon vous, les critiques anti-consuméristes des manifestants de Mai 68 sont toujours valables aujourd'hui.
■ Commentez le plus célèbre des slogans de Mai 68 : « Sous les pavés, la plage ».

Rechercher

■ Les débuts, les causes de l'agitation dans les universités parisiennes en 1968.
■ Des slogans, des affiches de Mai 68.

Lexique

en gestation (loc.) :
en latence, en préparation
lassé (adj.) :
dégoûté, ennuyé
consumériste (adj.) :
qui se rapporte à la société de consommation
mener (v.) :
diriger, contrôler
manifestation (n.f.) :
une protestation
grève (n.f.) :
la cessation du travail par les employés, les ouvriers
affrontement (n.m.) :
une confrontation, un combat
réclamer (v.) :
demander, exiger
dissoudre (v.) :
abolir, annuler
éteindre (v.) :
finir, cesser, prendre fin
survivre (v.) :
durer, rester
revendication (n.f.) :
une demande, une exigence

MARIANNE

Le buste de Marianne est présent dans toutes les mairies françaises, les écoles, ainsi que dans de nombreux édifices officiels. Marianne est aussi représentée sur les timbres poste et, jusqu'à récemment, sur les pièces de monnaie. Ce personnage symbolise la France, la République et la principale de ses valeurs : la liberté.

L'origine de Marianne remonte à la Révolution française et plus particulièrement à 1792, lorsque la République a été proclamée. Marianne porte un bonnet phrygien, comme la plupart des révolutionnaires à cette époque. Le bonnet phrygien est une référence aux esclaves affranchis sous l'Empire romain, qui portaient ce bonnet pour marquer leur liberté retrouvée. Au 18e siècle, Marianne était un prénom très fréquent en France, il associe Marie, la mère du Christ, et Anne, la mère de Marie.

Le tableau d'Eugène Delacroix, *La Liberté guidant le peuple* (1831), représente Marianne combattant avec le peuple parisien pendant les trois journées révolutionnaires de juillet 1830. Plus récemment, des Françaises célèbres ont servi de modèles au buste de Marianne : les actrices Brigitte Bardot et Catherine Deneuve, la chanteuse Mireille Mathieu, la mannequin de mode et actrice Laetitia Casta.

Autour du texte

Lire

1. Où peut-on voir la statue de Marianne ?
2. Qui est Marianne ?
   De quelle époque vient-elle ?
3. Que représente Marianne ? Quelles valeurs ?
4. Que porte- t-elle sur la tête ?
   Quel est le symbolisme de cette coiffure ?
5. D'où vient son nom ?
6. Quel peintre a célébré Marianne ?
   Dans quelles circonstances ?
7. Le visage de Marianne est-il fixé ?
   Comment change-t-il ?

Parler

■ Présentez des symboles qui expriment l'idée de liberté.
■ Commentez les propositions suivantes :
- La féminité symbolise bien l'idée de nation.
- La nation doit être représentée par un symbole exprimant la force, la puissance.

Rechercher

■ L'évolution du portrait de Marianne, les modèles utilisés, les accessoires portés par Marianne.
■ Les lieux, les objets où Marianne est représentée.
■ Les symboles de la patrie dans différents pays du monde.

Lexique

mairie (n.f.) :
le bâtiment administratif et officiel d'une ville, d'une municipalité
édifice (n.m.) :
un bâtiment
proclamé (adj.) :
déclaré
la plupart de (loc.adv.) :
la majorité de
esclave (n.m.) :
une personne sous la dépendance d'un maître
affranchi (adj.) :
libéré, libre

MARSEILLAISE

Quand l'officier de l'armée révolutionnaire Rouget de Lisle a composé en une nuit d'avril 1792 *Le chant de guerre pour l'Armée du Rhin*, il ne se doutait pas que son œuvre allait connaître une telle prospérité. En effet, quelques mois plus tard, les soldats volontaires de Marseille adoptaient ce chant et, en reconnaissance de leur bravoure exemplaire contre l'ennemi, l'œuvre de Rouget de Lisle est renommée *La Marseillaise*. Mais c'est seulement en 1879, sous la IIIᵉ République, que ce chant est définitivement déclaré hymne officiel français.

Chaque enfant en France qui récite pour la première fois le texte de *La Marseillaise* éprouve une certaine appréhension : il est en effet question dans ce chant de « l'étendard sanglant » de la patrie qui doit repousser de « féroces soldats » venant « égorger nos fils et nos compagnes ». Les « citoyens » sont ainsi appelés à prendre leurs « armes » et à « marcher » pour « qu'un sang impur abreuve nos sillons ».

Cette rhétorique guerrière et patriotique ponctuée par une musique militaire constitue le chant sacré d'union que les Français entendent et prononcent avec émotion dans les moments où la Nation est invoquée.

Lexique

ne pas se douter (v.) :
ne pas savoir, ne pas
présager ou prévoir
œuvre (n.f.) :
un travail, une création
artistique
prospérité (n.f.) :
le futur
en reconnaissance de (loc.) :
par gratitude pour,
en hommage à
bravoure (n.f.) :
le courage
éprouver (v.) :
sentir, avoir un sentiment
appréhension (n.f.) :
l'angoisse, la peur
étendard (n.m.) :
un drapeau
égorger (v.) :
couper la gorge, assassiner
abreuver (v.) :
faire boire, arroser
sillon (n.m.) :
un champ cultivé, la terre

Autour du texte

Lire

1. *La Marseillaise* est liée à quelle période
de l'histoire de France ?
2. Qui est son auteur ?
3. Dans quelles circonstances ce chant a-t-il
été chanté pour la première fois ?
4. Quand *La Marseillaise* est-elle devenue
hymne national ?
5. Pourquoi peut-on dire que *La Marseillaise*
est un chant de guerre ?
6. À quelle occasion chante-t-on *La Marseillaise* ?

Parler

■ Selon vous, les paroles de *La Marseillaise*
sont-elles intimidantes ?
■ Présentez quelques circonstances au cours
desquelles les hymnes nationaux sont joués
et chantés.

Rechercher

■ Le sens de cette remarque de l'historien
Thomas Carlyle : « *La Marseillaise* est le chant
qui fait bouillir le sang dans les veines, qu'on
chante avec des pleurs et du feu dans les yeux,
avec un cœur bravant la mort ».
(*Histoire de la Révolution française*, 1867).
■ Les thèmes, les paroles de différents hymnes
nationaux dans le monde.

NAPOLÉON

Les Français manquent-ils de constance ? Ils renversent puis décapitent un roi en 1792 et douze ans plus tard, ils couronnent leur nouvel empereur, plus puissant et plus grand encore que le plus fameux de leurs rois, Louis XIV.

La Révolution (1789-1799) a été faite par le peuple, mais le pouvoir reste le privilège de brillants tacticiens, et Napoléon est assurément l'un d'eux. Né sur la magnifique île de la Corse, le général Bonaparte a remis de l'ordre dans les affaires de la France, sérieusement éprouvée par dix ans d'agitation révolutionnaire. Il restaure la grandeur et la fierté nationales en bâtissant un vaste empire européen, allant même combattre les Anglais en Égypte.

Un vaste empire mais éphémère : Waterloo, le nom de la gare londonienne où arrivaient jusqu'à récemment les trains Eurostar en provenance de Paris, est synonyme de catastrophe et d'humiliation pour tous les Français.

Mais de l'ère napoléonienne reste un héritage vital : un Code civil encore en usage aujourd'hui, des structures administratives toujours valides, des grandes écoles qui forment l'élite française, un système monétaire, la Banque de France, la Légion d'honneur, l'église de la Madeleine à Paris, le Pont de pierre à Bordeaux... Il reste aussi le tombeau de l'empereur aux Invalides et les somptueux tableaux de David au musée du Louvre, célébrant une gloire passée.

Autour du texte

Lire

1. Pourquoi peut-on dire que les Français changent souvent d'avis ?
2. Quand Napoléon est-il devenu l'empereur des Français ?
3. D'où venait Napoléon ?
4. Qu'est-ce que Napoléon a apporté à la France ?
5. Quel lieu symbolise sa défaite ?
6. De quelle manière l'époque napoléonienne est toujours présente dans la France d'aujourd'hui ?
7. Où se trouve le corps de Napoléon aujourd'hui ?
8. Quel peintre a immortalisé son image ?

Parler

■ Nommez et présentez des grands bâtisseurs d'empires dans l'histoire.
■ Commentez ces remarques de Napoléon :
- « Aux yeux des fondateurs des grands empires, les hommes ne sont pas des hommes, mais des instruments »
(*Maximes de guerre et pensées*, 1863).
- « On ne conduit le peuple qu'en lui montrant un avenir : un chef est un marchand d'espérance » (*Maximes de guerre et pensées*, 1863).

Rechercher

■ Les grandes batailles napoléoniennes.
■ L'empire napoléonien à son apogée.
■ Les circonstances de la fin de Napoléon, sa défaite, son exil.

Lexique

constance (n.f.) :
la continuité
renverser (v.) :
détrôner, faire tomber, chuter
décapiter (v.) :
couper la tête par la guillotine
couronner (v.) :
choisir un nouveau roi, empereur
assurément (adv.) :
sans doute, certainement, sûrement
éprouvé (adj.) :
qui a beaucoup souffert
éphémère (adj.) :
qui ne dure pas
en provenance de (loc.prép.) :
qui vient de

RÉPUBLIQUE

Pour mieux comprendre la société française, ses débats et ses polémiques, il faut les examiner à la lumière des principes républicains qui constituent l'identité politique du pays. Ces principes, fondés sur les valeurs de justice et de démocratie, favorisent un État interventionniste et intégrationniste. C'est sous la Révolution que la République française est établie sur la base de la *Déclaration des droits de l'homme et du citoyen* (1789), que résume la devise nationale : Liberté, Égalité, Fraternité.

Aujourd'hui, la France est définie par le premier article de la Constitution de 1958 comme une « République indivisible, laïque, démocratique et sociale ».

La République est indivisible : les lois sont formulées par les représentants du peuple (le Parlement), elles s'appliquent à tous et sur tout le territoire français ; les citoyens sont égaux et bénéficient des mêmes droits, quelles que soient leur couleur, leur origine, leur religion.

La République est laïque : l'État est neutre, il ne favorise ou ne finance aucun culte religieux mais garantit aux citoyens la liberté de conscience et de croyance ; toute démonstration d'appartenance religieuse par ceux qui servent l'État (les fonctionnaires) est interdite et les signes religieux ostentatoires dans les établissements scolaires sont proscrits (depuis 2004).

La République est démocratique : l'État garantit aux citoyens la liberté d'opinion, la liberté de se déplacer, de se réunir et de manifester ; l'élection des représentants du peuple est faite au suffrage universel.

La République est sociale : l'État est solidaire des citoyens, il promeut l'égalité des chances en assurant l'école pour tous, il intervient pour assurer le bien-être social et la santé des citoyens en garantissant l'accès aux services publics.

Lexique

à la lumière de (loc.) :
par rapport à
devise (n.f.) :
le précepte national
laïque (adj.) :
séculier, indépendant
de toute religion
droit (n.m.) :
la faculté de faire quelque
chose, de jouir d'un
privilège
quel que soit (loc.adj.) :
sans distinction
ostentatoire (adj.) :
apparent, visible
proscrit (adj.) :
non autorisé, interdit
manifester (v.) :
exprimer son
mécontentement
suffrage (n.m.) :
le vote
promouvoir (v.) :
faciliter, encourager

Autour du texte

Lire

1. Sur quels fondements reposent les principes républicains ?
2. À quelle époque a été fondée la République en France ?
3. Quel texte historique a inspiré la Constitution républicaine ?
4. Quelles sont les quatre dimensions qui caractérisent la République française ?
5. Comment l'État garantit-il la liberté de ses citoyens ?
6. Comment l'État promeut-il l'égalité parmi les citoyens ?
7. De quelle manière l'État démontre-t-il sa fraternité envers les citoyens ?
8. Qu'est-ce qui indique la nature séculière de l'État français ?

Parler

■ Expliquez cette remarque de Jean Jaurès :
« La République, c'est le droit de tout homme, quelle que soit sa croyance religieuse, à avoir sa part de la souveraineté » (*Action socialiste*, 1892).
■ Choisissez et commentez la proposition la plus proche de votre opinion personnelle :
- L'État doit jouer un rôle important dans les affaires publiques (interventionnisme).
- Le rôle de l'État dans les affaires publiques doit être minimal (libéralisme).

Rechercher

■ Le fondateur de l'actuelle Vᵉ République en France. Les différences principales entre cette Constitution de 1958 et les précédentes.
■ La question de l'immigration en France : communautarisme ou intégrationnisme, la réponse républicaine à ce débat.

POUR FAIRE LE POINT

De quelles icônes s'agit-il ?

1. C'est un lieu fréquenté par des personnalités très cultivées qui fabriquent un dictionnaire.

2. Le long de la Loire, ils témoignent d'une époque de renouveau en France.

3. Il se dresse au centre des villes et des villages dans toutes les campagnes françaises.

4. On entonne ce chant dans les grandes occasions pour célébrer l'unité de la nation.

5. Ses principes ont été élaborés sous la Révolution et elle définit l'identité politique et sociale de la France.

6. Fondateur de l'actuelle Constitution, il a aussi été un héros national.

7. On le trouve au sommet des clochers ou sur les maillots des sportifs nationaux.

8. C'est une femme, elle représente la République et la liberté.

9. Si cette jeune fille n'était pas intervenue, on parlerait peut-être anglais en France, aujourd'hui.

10. Si vous avez rendu un grand service à la France, le président vous offrira cette récompense.

11. Il a régné sur toute l'Europe puis a fini sa vie au milieu de l'Atlantique.

Les réponses sont page 189.

INDUSTRIE, ÉDUCATION, TRAVAIL

2CV

Les premiers modèles de la « deux-chevaux » Citroën ont été commercialisés en 1948 et, dès les années cinquante, cette extraordinaire automobile circulait partout sur les routes de France.

Bon marché, ultra économique, infatigable, équipée d'un moteur très simple qui nécessite peu d'entretien, capable de rouler sur tous les terrains avec sa suspension exceptionnelle, la 2CV a connu un succès unique dans l'histoire de l'automobile et sa production n'a cessé qu'au début des années 90.

Conduire une 2CV est une expérience : la toile qui la recouvre peut être enroulée en quelques secondes, elle tangue comme un navire, penche dans les virages, se cabre comme un cheval, rugit quand on rétrograde... Jamais voiture n'a été plus organique, plus humaine. La 2CV est ainsi devenue un style de vie, une automobile pour ceux qui veulent rouler au meilleur prix et avec humour.

On voit rarement des 2CV sur les routes aujourd'hui, mais la légende continue : il existe un musée de la 2CV près de Strasbourg et des dizaines d'associations organisent régulièrement des évènements autour de ce véhicule mythique.

Lexique

entretien (n.m.) :
le soin, la maintenance
tanguer (v.) :
balancer (comme un bateau)
navire (n.m. :
un bateau
pencher (v.) :
incliner
se cabrer (v.) :
se dresser, se mettre
debout
rugir (v.) :
crier, hurler
rétrograder (v.) :
passer d'une vitesse
supérieure à une vitesse
inférieure

Autour du texte

Lire

1. La 2CV a été produite par quelle marque
   automobile française ?
2. À quelle époque a-t-elle été introduite
   sur le marché ?
3. Quelles sont les caractéristiques principales
   de la 2CV ? Quelles sont ses qualités,
   quels sont ses avantages ?
4. Pourquoi peut-on dire que la 2CV est
   une automobile vivante ?
5. La 2CV est-elle toujours fabriquée ?
6. De quelle manière la 2CV est-elle célébrée
   aujourd'hui ?

Parler

- Décrivez les voitures contemporaines, leurs formes,
  leurs caractéristiques.
  - Dites ce qui est important pour la fabrication
    d'automobiles, les priorités qui doivent entrer
    dans leur conception.
  - Débattez les propositions suivantes :
    - Une automobile, c'est seulement un
      moyen de se déplacer.
    - Une automobile reflète le statut
      social de son propriétaire.

Rechercher

- Les fabricants d'automobiles
  en France, leur place sur
  le marché mondial.
- Des mots d'argot, des
  expressions populaires
  en français qui font
  référence à l'automobile.

COCOTTE-MINUTE

La Cocotte-minute est plus qu'un autocuiseur, c'est le symbole d'une époque qui favorise la rapidité, l'automatisme et la technologie. Inventée en 1953 par la société SEB, on la trouve aujourd'hui dans la plupart des cuisines de France et 50 millions d'unités ont été vendues dans le monde.

Avec son système de haute pression, la cocotte-minute divise par trois ou quatre le temps de cuisson des aliments, c'est-à-dire qu'une pomme de terre cuira en 5 minutes au lieu de 15. On comprend tout de suite l'avantage que ce gain de temps représente pour les gens pressés, ainsi que pour toutes les femmes qui travaillent à l'extérieur la journée mais qui doivent encore préparer le dîner.

La fameuse « cocotte » – onomatopée pour « poule » – est même passée comme expression dans la langue : dans une interview, un politicien[1] pessimiste qualifiait la France de « cocotte-minute », signifiant par là que le pays était sous pression et sur le point d'exploser. Mais la Cocotte-minute est parfois critiquée : on dit en effet qu'à cause de la chaleur excessive qu'elle produit, les vitamines et les sels minéraux sont détruits et le goût des aliments est modifié. Est-ce le prix à payer pour cuisiner plus vite ?

[1] Arnaud Montebourg, dans Le Monde, 15 décembre 2008

Autour du texte

Lire

1. Qu'est-ce qu'une Cocotte-minute ?
2. Quand la Cocotte-minute a-t-elle été commercialisée ? Par qui ?
3. Qu'est-ce qui montre que cet appareil a eu beaucoup de succès ?
4. À quoi sert la Cocotte-minute ? Que peut-elle faire ?
5. Comment fonctionne-t-elle ?
6. Qui, en particulier, apprécie ses qualités ?
7. Comment utilise-t-on la Cocotte-minute comme métaphore ?
8. Pourquoi certaines personnes critiquent la Cocotte-minute ?

Parler

■ Selon vous, la rapidité est-elle compatible avec la bonne cuisine ?
■ Citez des sortes de cuisson qui peuvent préserver la qualité des aliments.
■ Donnez votre opinion sur les habitudes alimentaires dans le monde.

Rechercher

■ Les types de cuisson généralement utilisés en cuisine, les instruments que ces cuissons nécessitent.
■ Le sens de l'expression : « Le temps, c'est de l'argent ».
■ Le sens du proverbe : « Rien ne sert de courir, il faut partir à point ».

Lexique

la plupart de (loc.n.) : la majorité
au lieu de (loc.prép.) : à la place de
pressé (adj.) : qui n'a pas le temps
goût (n.m.) : la saveur

GRANDES ÉCOLES

Tout pays a besoin du service de ses élites et, en France, ce sont les grandes écoles qui sont chargées de les former. Il existe de nombreuses grandes écoles, certaines d'entre elles, créées au 18e siècle ou sous la Première République et le Premier Empire, ont un statut quasi-mythique.

Les hauts fonctionnaires du gouvernement, les grands cadres de l'administration font en général leurs études à l'ENA (École Nationale d'Administration) ou à l'« X » (École Polytechnique) ; les dirigeants du commerce et de l'industrie sont formés à HEC (Hautes Études Commerciales) ; les professeurs de l'enseignement supérieur passent par l'ENS (École Normale Supérieure) ; les responsables des secteurs de l'ingénierie et des travaux publics viennent de l'école Centrale ou de l'école des Mines. Enfin, les cadres militaires sont formés à Saint-Cyr.

Entrer dans l'une de ces institutions est un processus très sélectif : un jeune diplômé du baccalauréat doit d'abord être admis dans une classe préparatoire (CPGE), puis travailler frénétiquement pendant deux à trois années et enfin passer le difficile concours d'entrée de la grande école où il désire continuer ses études.

Lexique

avoir besoin (loc.v.) :
être nécessaire
élite (n.f.) :
la classe sociale
des responsables,
des dirigeants
fonctionnaire (n.m.) :
qui travaille pour l'État
cadre (n.m.) :
un responsable,
un dirigeant
travaux publics (n.pl.) :
la construction
frénétiquement (adv.) :
obstinément,
passionnément
concours (n.m.) :
un examen compétitif

Autour du texte

Lire

1. Quel est le rôle des grandes écoles
en France ?
2. Les écoles les plus prestigieuses datent
de quelle époque ?
3. Où sont formés les responsables de l'État ?
4. Quelle école forment les élites économiques ?
5. Quelle école prépare les enseignants ?
6. Où sont formés les ingénieurs ?
7. Où sont formés les responsables
de la défense nationale ?
8. Comment accède-t-on à une grande école ?

Parler

■ Présentez les systèmes éducatifs dans
d'autres pays du monde.
■ Exprimez votre opinion sur ces propositions :
- On est assuré d'une bonne carrière avec
un diplôme de l'enseignement supérieur.
- L'institution où on a étudié compte plus
que la qualification qu'on a obtenue.

Rechercher

■ Les différences entre grandes écoles
et universités en France.
■ Le sens de l'expression : « Travailler d'arrache-
pied ».
■ La signification de la critique du sociologue
Pierre Bourdieu (1930-2002), qui décrit
les grandes écoles comme des structures
éducatives produisant une « noblesse d'État ».

LAGUIOLE

Avec le fromage de Roquefort, le viaduc de Millau et le parc national des Cévennes, le couteau Laguiole compte parmi les trésors de l'Aveyron, l'un des huit départements de la région Midi-Pyrénées. Ce couteau légendaire orné d'une abeille doit sa réputation mondiale à la silhouette effilée de son manche et à sa lame de style mauresque.

Originaire du village de Laguiole, le couteau est apparu vers 1820, les bergers s'en servaient pour couper le pain, ouvrir des bouteilles avec le tire-bouchon ou trouer le cuir avec le poinçon. Le couteau s'est vite répandu dans la France entière : en pliant la lame à la fin du repas, le chef de famille donnait le signal que tout le monde pouvait quitter la table.

Le manche peut être en bois précieux, en corne ou en ivoire, et les plus chers ont une lame en damas, qui lui donne des motifs naturels et mystérieux. Certains modèles de collection peuvent coûter plusieurs milliers d'euros.

L'appellation Laguiole (prononcer layole) n'est pas une marque déposée pour les couteaux, ce nom peut donc être utilisé par tout fabricant, en France ou ailleurs. Aujourd'hui, la majorité des couteaux Laguiole ne viennent pas de l'Aveyron, ils sont fabriqués à Thiers (Puy de Dôme). On trouve aussi partout dans les supermarchés des modèles moins chers fabriqués en Chine, au Pakistan ou en Corée du Sud.

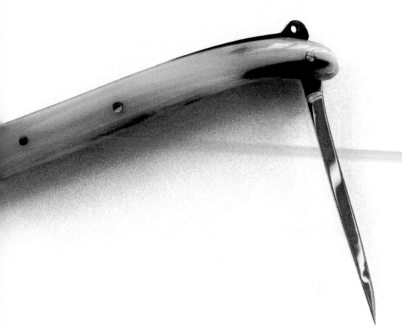

Lexique

abeille (n.f.) :
un insecte qui produit
du miel
effilé (adj.) :
long et fin
manche (n.m.) :
la partie que l'on tient
en main
lame (n.f.) :
la partie en métal
qui coupe
berger (n.m.) :
une personne qui garde
les moutons
cuir (n.m.) :
la peau d'animal
damas (n.m.) :
un acier laminé très fin

Autour du texte

Lire

1. De quelle région de France vient le couteau Laguiole ?
2. À quoi reconnaît-on ce couteau ?
3. Qui se servait de ces couteaux à l'origine ?
4. Que peut-on faire avec ce couteau ?
5. Que symbolisait-il dans une famille ?
6. Pourquoi certains Laguiole coûtent-ils très cher ?
7. Pour quelle raison des « Laguiole » peuvent être manufacturés par n'importe qui ?

Parler

■ Citez d'autres couteaux célèbres dans le monde et leurs particularités.
■ Présentez différentes circonstances où un couteau est utile.
■ Décrivez le plaisir de posséder un bel objet, comme un couteau de qualité.

Rechercher

■ Les différentes fonctions qu'on peut trouver sur un couteau.
■ Le sens des expressions : « Une lame à double tranchant » et « Remuer le couteau dans la plaie ».

LA SORBONNE

Le foyer intellectuel de Paris est situé au centre de la capitale, dans le Quartier latin. Dans ce quartier, le latin était en usage au moment où se formaient les grands centres universitaires de l'Europe médiévale. C'est ici qu'un collège de théologie, fondé en 1273 par Robert de Sorbon, allait se développer progressivement et devenir une institution majeure de l'Université française.

Richelieu, ministre de Louis XIII, proviseur de la Sorbonne, a fait construire en 1627 la chapelle dont le dôme apparaît derrière la façade. Après la Révolution de 1789, la Sorbonne, trop associée à l'Ancien Régime, perd beaucoup de son crédit et subit la concurrence des écoles spécialisées.

Sous la IIIe République, la Sorbonne retrouve son prestige, de nouveaux aménagements sont créés, les programmes et l'administration sont réformés, c'est la nouvelle Sorbonne, « sanctuaire de l'esprit ». On installe dans l'amphithéâtre Richelieu une œuvre immense du peintre Puvis de Chavannes, vaste allégorie aux lettres, aux sciences et aux arts.

La liste des anciens élèves et professeurs de la Sorbonne qui ont marqué l'histoire intellectuelle française est longue : Honoré de Balzac, Henri Bergson, Pierre et Marie Curie, Jean-Paul Sartre et Simone de Beauvoir, Jean-Luc Godard, Jacques Derrida, Claude Levi-Strauss, Raymond Queneau, Léopold Sédar Senghor…

Mais la Sorbonne n'est pas seulement l'un des emblèmes du savoir en France, elle est aussi un lieu légendaire de révolte : personne n'a oublié aujourd'hui qu'en mai 1968, les barricades des « sorbonnards » dans les rues du quartier ont paralysé le pays entier.

Autour du texte

Lire

1. Que représente le Quartier latin pour Paris ?
2. À quelle époque ont été créées les premières institutions d'enseignement supérieur en Europe ?
3. En quelle langue enseignait-on dans les universités du Moyen-Âge ?
4. Qui est le fondateur de la Sorbonne ?
5. Qui a été l'architecte de la rénovation de la Sorbonne au 17ᵉ siècle ?
6. Pourquoi le prestige de la Sorbonne s'est-il érodé après la Révolution ?
7. À quelle époque la Sorbonne redevient-elle une institution de premier rang ?
8. Qu'est-ce qui montre que la Sorbonne est une grande institution du savoir ?
9. À quel évènement de l'époque récente la Sorbonne est-elle associée ?

Parler

■ Décrivez la mission d'une université, ce qu'on y enseigne.
■ Nommez des grandes universités dans le monde, dites pourquoi elles sont prestigieuses.

Rechercher

■ Des anciens élèves de la Sorbonne, leur discipline, leurs travaux.
■ Ce qui s'est passé en mai 68 à la Sorbonne.
■ L'organisation administrative de la Sorbonne aujourd'hui.

Lexique

foyer (n.m.) :
le centre, le cœur
médiéval (adj.) :
du Moyen-Âge
subir (v.) :
endurer, souffrir
de quelque chose
concurrence (n.f.) :
la rivalité, la compétition
aménagements (n.m.pl.) :
des installations,
équipements,
développements

MÉTRO, BOULOT, DODO

l existe une chose que la langue française qualifie parce qu'elle reflète l'ennui d'une existence sans saveur et sans couleur : c'est la routine quotidienne dominée par la répétition et la platitude.

Quoi de plus triste en effet que de se lever chaque matin pour prendre les transports en commun avec des milliers d'autres somnambules, effectuer sa journée au travail comme un automate tout programmé, puis finalement rentrer le soir à la maison pour y dormir et reprendre des forces avant d'affronter le lendemain une nouvelle journée en tout point identique ?

« Métro, boulot, dodo », avec cette assonance qui exprime bien son caractère mécanique et monotone, est une locution inventée par un peuple conscient que l'existence peut facilement basculer dans la servitude si l'on ne reste pas vigilant.

Cette expression, aussi chère aux Français que l'idée de liberté, est un appel universel aux humains qui résume en trois mots simples une menace permanente sur nos vies. C'est une expression qui nous invite, face à l'asservissement au quotidien, à retrouver le contrôle de nos existences.

Lexique

saveur (n.f.) :
le goût
quotidien (adj.) :
de tous les jours
platitude (n.f.) :
l'ordinaire, la banalité
somnambule (n.m.) :
qui dort debout,
en marchant
basculer (v.) :
tomber
servitude (n.f.) :
la soumission, l'esclavage
vigilant (adj.) :
attentif, éveillé, alerte

Autour du texte

Lire

1. Qu'est-ce que l'expression « métro, boulot, dodo » qualifie ?
2. Comment se passe une journée ordinaire ?
3. Que représente le mot « boulot » ?
4. Que représente le mot « métro » ?
5. Que représente le mot « dodo » ?
6. Comment contrer l'asservissement à la routine ?
7. Qu'est-ce qui s'oppose à la servitude ?

Parler

■ Dites si l'expression « métro, boulot, dodo » a une valeur universelle, si elle peut s'appliquer à toutes les sociétés modernes.
■ Citez des professions, des métiers qui entraînent des automatismes quotidiens.
■ Nommez ceux qui, par leur situation, leur travail, échappent à la routine quotidienne.

Rechercher

■ Une chanson enfantine célèbre où figure le mot « dodo ».
■ Le sens des expressions : « Travailler à la chaîne » et « Être pris dans un engrenage ».
■ Un film comique de 1936 qui critique la société industrielle et capitaliste.

MICHELIN

Bibendum, le fameux bonhomme Michelin, est présent partout sur les routes de France, à l'entrée des stations-service, à la porte des garages, sur les panneaux publicitaires. Dans les années 60 et 70, on voyait Bibendum sur les plages pendant l'été pour des opérations de promotion, organisant des jeux pour les enfants, il se transformait en bouée pour la baignade, en ballon pour le sport.

Le fabricant de pneus de Clermont-Ferrand a réussi à imposer depuis 1898 l'une des images les plus familières de la publicité mondiale. En 2000, un panel international d'experts réuni par le *Financial Times* a déclaré Bibendum « Meilleur logo de l'histoire ».

L'énergie exemplaire de ce bonhomme, sa bonne humeur, sa gentillesse naturelle et son humanité sont indissociables de tous les produits qu'il promeut : des pneus, des cartes routières, des guides touristiques.

En un siècle, le bonhomme Michelin est ainsi devenu le symbole de l'évasion, des vacances, du tourisme, de la gastronomie, de la découverte. Il est aussi le compagnon de voyage des enfants impatients d'arriver à destination.

Autour du texte

Lire

1. Que fabrique principalement la société Michelin ?
2. Dans quelle région de France est située la société Michelin ?
3. Qui est Bibendum ? Quand est-il né ?
4. Pourquoi peut-on dire qu'on le voit partout ?
5. Quelle est la personnalité de Bibendum ?
6. Qu'est-ce qui montre que ce symbole de Michelin est une réussite publicitaire ?
7. Quels sont les liens entre les pneus et les autres produits Michelin ?

Parler

■ Nommez les meilleurs logos de la publicité internationale.

■ Pensez-vous que la personnification en publicité est efficace ? Citez d'autres techniques ou stratégies publicitaires.

Rechercher

■ Le sens du nom Bibendum, l'idée à l'origine du personnage Bibendum.

■ Les différentes collections de guides Michelin.

■ Le sens de l'expression : « Alors, ça roule ? »

Lexique

station-service (n.f.) : où l'on peut faire le plein d'essence pour sa voiture, vérifier le moteur, gonfler les pneus, etc.

bouée (n.f.) : un anneau gonflé d'air qui permet de flotter sur l'eau

baignade (n.f.) : nager, prendre un bain dans la mer, dans la piscine

gastronomie (n.f.) : la haute cuisine

PÔLE EMPLOI

Le Pôle Emploi est le lieu de passage obligé de tous les demandeurs d'emploi, c'est-à-dire les chômeurs. C'est au Pôle Emploi qu'on s'enregistre, que l'on consulte les offres disponibles et que l'on remplit les formalités qui ouvrent droit à l'allocation de chômage. Le Pôle Emploi est aussi chargé de prospecter le marché du travail et d'aider les entreprises à recruter des employés.

Le chômage en France est un mal chronique. Il touche aujourd'hui 8 à 9% de la population active, ce taux a même dépassé les 13% dans les années 80. La crise pétrolière de 1973 est en grande partie responsable de la montée du chômage depuis trente ans, mais d'autres facteurs ont joué un rôle important, tels que l'automation des méthodes de production, la disparition de certains secteurs économiques, l'arrivée massive des femmes sur le marché du travail. Certaines régions et certaines catégories de la population sont plus touchées que d'autres. Le chômage chez les jeunes de 18-25 ans a atteint 30% ces dernières années. Malheureusement, faire de longues études et obtenir des diplômes n'est plus une garantie d'emploi aujourd'hui.

Lexique

chômeur (n.m.) :
une personne qui n'a pas
de travail
s'enregistrer (v.) :
s'inscrire
disponible (adj.) :
libre, vacant
remplir (v.) :
compléter avec
des informations
ouvrir droit à (loc.v.) :
bénéficier de quelque
chose, avoir accès
à un service
prospecter (v.) :
faire une enquête,
une analyse, un sondage
mal chronique (loc.n.) :
un problème récurrent,
permanent
taux (n.m.) :
un pourcentage
tel que (adj.) :
comme, ainsi que

Autour du texte

Lire

1. Pourquoi va-t-on au Pôle Emploi ?
2. Quelles sont les différents rôles
   du Pôle Emploi ?
3. Combien y a-t-il de chômeurs en France ?
4. Quelles sont les causes du chômage ?
5. Qui est principalement victime du chômage ?
6. Est-ce qu'un diplôme fournit l'assurance
   de trouver un travail ?

Parler

■ Commentez cet extrait de la *Déclaration
universelle des droits de l'homme* (1948) :
« Toute personne a droit au travail, au libre
choix de son travail, à des conditions équitables
et satisfaisantes de travail et à la protection
contre le chômage » (Article 23.1).
■ Donnez votre opinion sur les propositions
suivantes :
- Les gouvernements ne peuvent rien faire
pour contrer le chômage.
- Être chômeur, c'est être une victime
économique, mais aussi vivre un drame
psychologique.

Rechercher

■ Les secteurs les plus affectés par le chômage,
les professions moins touchées par le chômage.
■ Le sens des expressions : « Travailler
pour des prunes » et « Avoir du pain
sur la planche ».

SÉCURITÉ SOCIALE

Cette institution publique est à la base du système de protection sociale en France. Fondée en 1945, ses prestations couvrent les aides financières aux familles (allocations familiales), les cas de maladie ou d'accident et les retraites. La sécurité sociale est financée par les cotisations obligatoires de tous ses adhérents, c'est-à-dire les employés et les employeurs, ainsi que par l'État.

La « sécu » coûte cher, elle est en déficit permanent. Les Français n'hésitent pas à aller chez le médecin, ils consomment une grande quantité de médicaments et ils comptent sur ce système pour se faire rembourser ces dépenses. Le nombre élevé de chômeurs dans le pays a également un impact considérable sur les ressources de l'institution. Enfin, le nombre de retraités augmente d'année en année, alors que celui des salariés cotisants diminue.

Chaque salarié en France contribue, avec environ 20% de son salaire, à financer les caisses de la sécurité sociale, ainsi que pour celles de l'assurance-chômage. Avec les impôts et les différentes taxes qui lui prennent encore 10 à 20% de ses revenus, c'est plus d'un tiers de son salaire qu'un employé verse chaque mois à l'État.

Autour du texte

Lire

1. À quoi sert la sécurité sociale, depuis quelle époque ?
2. Comment fonctionne-t-elle financièrement ?
3. Est-ce que le système est financièrement équilibré ?
4. Une personne qui n'a pas de travail peut-elle bénéficier du système ?
5. Quelles sont les principales dépenses dans le budget de la sécurité sociale ?
6. Quel pourcentage de leurs revenus les personnes qui travaillent doivent-elles donner pour assurer leur couverture sociale ?

Parler

■ Présentez la manière dont la protection sociale des travailleurs et salariés est assurée dans d'autres pays.

■ Débattez les propositions suivantes :
- C'est l'État qui doit prendre en charge la protection sociale des citoyens.
- La couverture sociale est la responsabilité du secteur privé et des employés.

Rechercher

■ Des statistiques relatives à la population active en France, au nombre de personnes au chômage, des comparaisons avec d'autres pays.

■ Le sens de cet extrait de l'ordonnance gouvernementale du 14 octobre 1945 :
« La sécurité sociale est la garantie donnée à chacun qu'en toutes circonstances il disposera des moyens nécessaires pour assurer sa subsistance et celle de sa famille dans des conditions décentes ».

Lexique

prestation (n.f.) :
un service
retraite (n.f.) :
la cessation d'activité professionnelle,
après 60 ans par exemple
cotisation (n.f.) :
une contribution financière
adhérent (n.m.) :
un membre d'une organisation, d'un groupe
rembourser (v.) :
rendre une somme d'argent
élevé (adj.) :
important, significatif
impôt (n.m.) :
taxe financière sur les revenus
revenus (n.pl.) :
le salaire, la rémunération, les gains
verser (v.) :
donner, contribuer

TRAIN À GRANDE VITESSE

Le Train à Grande Vitesse (TGV) est l'un des plus rapides de la planète et, depuis trente ans, ce phénomène de la technologie ferroviaire française a révolutionné la notion de distance dans le pays.

Grâce à ce bolide qui traverse le territoire dans toutes les directions, l'Atlantique, la Méditerranée, autrefois des rivages si éloignés, sont maintenant à moins de trois heures de la capitale. Les grandes villes de France et les pays voisins paraissent aussi tout proches.

Avec le TGV, habiter à Lyon et travailler à Paris n'est plus une chose inimaginable, passer de courts week-ends à 800 km de chez soi est devenu tout à fait possible : « TGV, plus de vie dans votre vie », assure le slogan publicitaire.

Le TGV a contribué massivement à l'essor du tourisme régional, il est aussi largement responsable de la flambée des prix immobiliers dans le sud de la France.

Lexique

ferroviaire (adj.) :
qui se rapporte au chemin
de fer, au train
grâce à (loc.prép.) :
au moyen de, à l'aide de
bolide (n.m.) :
un engin, un véhicule
très rapide
autrefois (adv.) :
avant, dans le passé
éloigné (adj.) :
situé loin, à grande
distance
essor (n.m.) :
la croissance, le
développement
flambée (n.f.) :
une augmentation rapide,
incontrôlée
immobilier (adj.) :
qui se rapporte au marché
de la construction,
de la propriété privée

Autour du texte

Lire

1. Les premiers TGV ont été mis en service il y a combien de temps ?
2. Quelle est la caractéristique principale du TGV ?
3. Combien de temps faut-il pour aller de Paris à Marseille en TGV ?
4. Qu'est-ce que le TGV permet de faire aujourd'hui ?
5. Pourquoi le tourisme est bénéficiaire du TGV ?
6. Quel est l'impact économique du TGV sur certaines régions ?

Parler

■ Nommez des pays où sont construits des trains très rapides.
■ Commentez ce message promotionnel :
« TGV, plus de vie dans votre vie ».
■ Présentez quelques avantages du train sur l'avion.

Rechercher

■ Les routes majeures du TGV, les pays d'Europe connectés au réseau TGV.
■ Le sens d'autres slogans promotionnels du TGV :
« TGV, gagnez du temps sur le temps » ;
« TGV, prenez le temps d'aller vite ».
■ Le sens de l'expression : « Avoir un bon train de vie ».

TOUR EIFFEL

La tour la plus célèbre du monde est une survivante. Plusieurs fois après son installation en 1889, on a sérieusement pensé à la démonter, on trouvait sa silhouette dans le ciel de la capitale dérangeante et dangereuse. Ce n'est qu'en 1910 qu'elle a acquis sa place permanente près de la Seine. En 1964, la tour Eiffel a finalement été déclarée monument historique national.

La Grande Dame de fer est le fruit du travail de Gustave Eiffel et de ses deux partenaires ingénieurs Nouguier et Koechlin. Construite en deux ans à l'occasion de l'Exposition Universelle de 1889, cette structure spectaculaire avait pour but d'illustrer l'essor industriel de la France, un siècle après la Révolution française. Avec ses 312 mètres (il n'y avait pas encore d'antenne) et ses 1665 marches qu'on pouvait monter à pied, le succès de cette merveille technologique était assuré. La tour est aujourd'hui l'une des attractions majeures du tourisme international. Les Parisiens n'y prêtent pas beaucoup d'attention, mais près de 7 millions de visiteurs du monde entier viennent l'admirer chaque année. La tour est repeinte tous les sept ans avec plus de 60 tonnes de peinture et, depuis quelques années, elle scintille de toutes ses lumières dans la nuit parisienne.

Lexique

survivant (adj.) :
un rescapé, qui a échappé
à la mort
démonter (v.) :
déconstruire, démanteler
dérangeant (adj.) :
qui dérange, qui gêne,
qui importune
avoir pour but (loc.v.) :
avoir pour objectif, aspirer à
essor (n.m.) :
la croissance, le
développement
prêter attention (loc.v.) :
s'intéresser à
scintiller (v.) :
briller, être illuminé

Autour du texte

Lire

1. À quelle occasion la tour Eiffel a-t-elle été
   construite ?
2. Quel est son surnom ? Quelle est sa hauteur ?
3. La tour était-elle appréciée par tout
   le monde à ses débuts ?
4. Que représentait la tour au moment
   de sa construction ?
5. Quels travaux doit-on y faire régulièrement ?
6. Pourquoi peut-on dire que la tour est un lieu
   touristique important ?

Parler

■ Selon vous, la tour Eiffel est-elle un beau
monument ? Pour quelles raisons ?
■ Présentez de grands sites architecturaux
dans le monde, modernes ou anciens.
■ Nommez les édifices les plus hauts
dans le monde, les lieux où ils se trouvent.

Rechercher

■ Des anecdotes sur sa construction,
des statistiques sur la tour Eiffel.
■ Des exemples d'utilisation de la tour Eiffel
en peinture, en littérature, au cinéma.

VUITTON

*L*e maroquinier Louis Vuitton a établi sa société en 1854 et c'est en 1896 que son fils Georges crée la fameuse toile imperméable Monogram. Les ornements graphiques qui composent cette toile comprennent les initiales du créateur de la maison mais aussi des motifs floraux inspirés par des dessins japonais traditionnels, au moment où les arts du pays du Soleil Levant étaient découverts par les peintres impressionnistes.

À l'origine, la Maison Vuitton se concentrait sur les articles de bagagerie mais elle s'est depuis diversifiée pour inclure le prêt-à-porter et les chaussures, les stylos, la joaillerie. La Maison promeut aussi la compétition sportive et l'aventure avec des rallyes automobiles, une course de voiliers et une collection littéraire de récits de voyage. En 2010, *la Fondation Louis Vuitton pour la Création* a ouvert un centre à Paris consacré à l'art contemporain. Ce centre est logé dans un « nuage de verre » conçu par l'architecte américain Frank Gehry.

Première marque mondiale de produits de luxe, sujette à beaucoup de contrefaçons, le succès international de Louis Vuitton doit beaucoup à son installation sur les marchés asiatiques : Tokyo en 1978, Séoul en 1984 et Pékin en 1992. Depuis, des centaines de boutiques Louis Vuitton sont présentes dans les plus grandes villes des cinq continents.

Autour du texte

Lire

1. Quelle était la spécialité de Louis Vuitton ?
2. Quelle est l'origine du logo Louis Vuitton ?
3. Quels sont les produits vendus
   par cette marque ?
4. À quoi est aussi associée la marque Louis Vuitton ?
5. Quel est l'objectif de la Fondation Louis Vuitton ?
6. Qu'est-ce qui a largement contribué
   à la renommée de Vuitton dans le monde ?

Parler

■ Donnez la définition d'un produit de luxe,
des raisons pour lesquelles on achète ce type
de produits.
■ Nommez des pays producteurs d'articles de luxe.
■ Dites pourquoi la contrefaçon et les copies
illégales posent un sérieux problème pour
les marques de luxe.

Rechercher

■ Des exemples de prix des produits Louis Vuitton.
■ Les grandes marques de luxe françaises,
leurs produits.
■ Le sens des expressions : « Ça coûte les yeux
de la tête » et « Jeter de l'argent par les fenêtres ».

Lexique

maroquinier (n.m.) :
un fabricant de produits
en cuir
imperméable (adj.) :
qui résiste à l'eau
promouvoir (v.) :
faire la promotion
rallye (n.m.) :
une course, une
compétition
voilier (n.m.) :
un bateau à voiles
consacré à (adj.part.) :
dédié, destiné
sujet à (adj.) :
exposé à
contrefaçon (n.f.) :
une imitation, une copie

POUR FAIRE LE POINT

De quelles icônes s'agit-il ?

1. Elle sert à cuisiner très vite mais certains n'y voient pas que des avantages.

2. Lorsqu'on veut résumer la répétition quotidienne, c'est la formule appropriée.

3. On y va lorsqu'on cherche un travail.

4. C'est une grande dame parisienne qui attire des millions de visiteurs.

5. Avec lui, les distances n'ont presque plus d'importance.

6. Elle représente la générosité du système social français, mais elle coûte cher !

7. C'est dans l'une ou l'autre que de nombreux ministres ou grands patrons d'entreprise ont probablement étudié.

8. Il est gros et sympathique, il vous accompagne sur les routes de France.

9. C'est une grande institution du savoir, située au cœur de Paris.

Les réponses sont page 189.

LANGUE, MÉDIAS, CULTURE

AMÉLIE POULAIN

Elle ne s'habille qu'en vert et en rouge, son poisson favori souffre de pulsions suicidaires, les os de son voisin sont tout en verre, elle embarque un nain de jardin dans un tour du monde, elle trouve délicieux le bruit de la croûte d'une crème brûlée qu'elle fait craquer avec sa cuillère, elle déteste les acteurs de cinéma qui ne regardent pas la route quand ils conduisent et elle voudrait faire le bonheur de toute l'humanité. Elle s'appelle Amélie Poulain, elle a un sourire espiègle et les petites histoires qu'elle raconte ont fasciné le monde entier.

Avec *Le Fabuleux Destin d'Amélie Poulain*, Jean-Pierre Jeunet a signé un chef-d'œuvre. Un film pittoresque, inattendu, fruit du travail très subtil de la caméra, des effets spéciaux, du choix des couleurs, de l'attention méticuleuse qu'il donne aux détails. Couronné Film européen de l'année en 2001, il reçoit quatre Césars en 2002, fait plus de 30 millions d'entrées dans les cinémas de la planète et est traduit en 25 langues.

Le film n'a pas seulement réveillé la nostalgie du vieux Paris de Montmartre, il a aussi révélé une comédienne très attachante. Audrey Tautou est devenue depuis une actrice fétiche du cinéma français, recherchée par les metteurs en scène contemporains : en 2009, elle a joué le rôle de Coco Chanel, une autre figure anticonformiste et déconcertante, comme Amélie.

Autour du texte

Lire

1. Qui est Amélie Poulain, pourquoi son univers est-il excentrique ?
2. Quel est le but d'Amélie dans la vie ?
3. Qui est le metteur en scène du film *Le Fabuleux Destin d'Amélie Poulain* ?
4. Quels aspects du film ont contribué à son succès ?
5. Dans quel quartier parisien se déroule le film ?
6. Quelles récompenses le film a-t-il reçues ?
7. Qui joue le rôle d'Amélie Poulain dans le film ?
8. Quelle personnalité cette comédienne a-t-elle incarné ensuite ?

Parler

■ Donnez des raisons qui peuvent expliquer le succès mondial du film.

■ Citez d'autres films français qui ont reçu un succès comparable. Ont-ils quelque chose en commun ?

■ Décrivez des petits détails de la vie que vous aimez ou que vous n'aimez pas...

Rechercher

■ Les phrases qui débutent et concluent le film.

■ La filmographie d'Audrey Tautou.

■ Des détails, des anecdotes sur le quartier de Montmartre à Paris.

Lexique

os (n.m.) :
les parties du squelette humain

nain de jardin (n.m.) :
un petit personnage, comme les compagnons de Blanche Neige, qu'on place dans les jardins comme décoration

croûte (n.f.) :
une couche durcie qui recouvre la surface

espiègle (adj.) :
malicieux, coquin, qui aime faire des farces

chef-d'œuvre (n.m.) :
une œuvre principale, une pièce maîtresse

pittoresque (adj.) :
qui a du caractère, de l'originalité, du charme

nostalgie (n.f.) :
le sentiment, le regret des choses passées, la mélancolie

déconcertant (adj.) :
surprenant, étonnant

ROLAND BARTHES

L a critique sémiologique de Roland Barthes (1915-1980) s'intéresse à tout : Racine et la tragédie, Beethoven, Brecht, le Japon, la mode, le discours amoureux, le bifteck-frites, le catch, le strip-tease, la DS 21, la photographie... Dans un style qui allie savoir et saveur, Barthes déchiffre non pas le sens de ces œuvres, objets ou figures, mais leur signification, c'est-à-dire leur place de mythes dans la culture.

Le mythe – ou signe – est important à étudier parce qu'il habite le langage, qui fonde et régule les rapports sociaux. Les mythes contribuent à créer un discours dominant, celui du « bon sens », que Barthes nomme la doxa : « c'est l'Opinion publique, l'Esprit majoritaire, le Consensus petit-bourgeois, la Voix du Naturel, la Violence du Préjugé » (Roland Barthes par Roland Barthes, 1975). Dans Éléments de Sémiologie (1965), Barthes formalise une méthode pour décrire le comportement des signes, méthode qu'il avait déjà brillamment illustrée dans ses célèbres textes de Mythologies (1957).

Pour contrer la dominance des signes dans le langage, Barthes cherche une signification moins lourde des mots, des idées, autrement dit une « expression blanche », un Degré zéro de l'écriture (1953), qu'il trouve par exemple chez Maurice Blanchot, dans L'étranger de Camus, dans la photographie ou encore dans le haïku japonais.

Roland Barthes examine aussi le rôle du lecteur dans le processus de lecture du texte. De cette interaction entre le texte et le lecteur (Le Plaisir du Texte, 1973) provient un univers de sensations et d'expériences.

Autour du texte

Lire

1. Quels sont les domaines d'observation de Roland Barthes ?
2. Qu'est-ce qu'un « mythe » pour Roland Barthes ?
3. Pourquoi le langage est-il important pour Barthes ?
4. Comment Barthes définit-il la doxa ?
5. Qu'est-ce qu'une « écriture blanche » pour Barthes ?
6. Comment Barthes assigne-t-il un « rôle » au lecteur ?

Parler

- Nommez et décrivez des grands mythes contemporains, la manière dont ils se manifestent dans nos vies, nos sociétés, le langage.
- Exprimez votre opinion sur cette note de Roland Barthes : « Le dictionnaire est une machine qui fait rêver » (*Préface*, Dictionnaire Hachette, 1980).
- Commentez cette remarque de Roland Barthes : « C'est l'un des traits constants de toute mythologie petite-bourgeoise que cette impuissance à imaginer l'Autre. L'altérité est le concept le plus antipathique au "bon sens" » (*Mythologies*, 1957).

Rechercher

- La biographie et la bibliographie de Roland Barthes.
- Des objets culturels étudiés par Roland Barthes dans *Mythologies* (1957).
- Le sens de « la mort de l'auteur » (1968) pour Roland Barthes.

Lexique

saveur (n.f.) :
ce qui a du goût, qui est savoureux
déchiffrer (v.) :
lire attentivement, analyser
œuvre (n.f.) :
une création littéraire, artistique
préjugé (n.m.) :
une idée préconçue, un stéréotype
comportement (n.m. :
une attitude, une action
haïku (n.m) :
forme poétique courte de 5-7-5 syllabes

CANARD ENCHAÎNÉ

Le journal le plus respecté – et le plus craint de France – a publié son premier numéro pendant la Grande Guerre (1914-1918). Son fondateur, Maurice Maréchal, voulait contrer avec humour la voix du gouvernement, qu'il qualifiait de « bourrage de crâne ». *Le Canard Enchaîné* n'a pas cessé de paraître depuis, à l'exception de la période de l'Occupation, de 1940 à 1944. Chaque mercredi, jour de la publication de l'hebdomadaire satirique, une certaine nervosité s'installe : *le Canard* va-t-il révéler un nouveau scandale, dénoncer la fraude d'un ministre ou révéler une « affaire » qui va déstabiliser un haut-responsable du monde politique ou de la finance ? Sur un ton ironique, le journal commente l'actualité d'une autre manière, en spectateur et en témoin.

Le Canard, comme il est communément appelé, bénéficie d'un réseau de sources proches des milieux du gouvernement, de l'administration et des affaires. Ces sources lui permettent généralement d'obtenir des informations fiables et exclusives, qui alimentent les articles et les enquêtes. Lorsqu'un « couac » (information erronée) a été publié, le journal corrige aussitôt avec une note dans la rubrique « Pan sur le bec ! ».

Emblème de la liberté de la presse et de son indépendance face au pouvoir, *le Canard* ne contient aucune publicité, ses revenus viennent essentiellement d'un lectorat fidèle et de ses nombreux abonnés.

Lexique

craint (adj.v.) :
qui inspire la crainte,
l'appréhension, qui est
redouté

bourrage de crâne (loc.m.) :
une propagande,
un endoctrinement

hebdomadaire (n.m.) :
journal publié toutes
les semaines

témoin (n.m.) :
qui exprime son opinion,
son point de vue

réseau (n.m.) :
un ensemble de relations,
de collaborateurs

fiable (adj.) :
qui est sûr, qui inspire
confiance

lectorat (n.m.) :
l'ensemble des lecteurs
d'une publication

abonné (n.m.) :
un lecteur qui a souscrit
à une publication

Autour du texte

Lire

1. *Le Canard Enchaîné* a été créé à quelle époque ?
2. À quel moment le journal a-t-il cessé d'être
   publié ?
3. Quelle est la ligne éditoriale du journal ?
4. Pourquoi et par qui ce journal est-il craint ?
5. Comment *le Canard* obtient-il ses informations ?
6. Comment le journal est-il financé ?

Parler

■ Décrivez le rôle de la presse dans nos sociétés.
■ Expliquez comment la presse peut survivre
financièrement.
■ Selon vous, les journalistes peuvent-ils exercer leur
profession librement partout dans le monde ?

Rechercher

■ Le sens du mot « canard » pour la presse
et l'origine du nom « *Canard Enchaîné* ».
■ Un ou deux exemples de « scandales » politiques
révélés par *le Canard Enchaîné*.
■ Les différents sens de l'expression : « Faire
un canard ».

SIMONE DE BEAUVOIR

*L*es femmes comptent pour la moitié de l'humanité, mais la place qu'elles occupent dans les sociétés n'est pas proportionnelle à cette réalité démographique. En d'autres mots, les femmes ont un statut de minorité dans un monde contrôlé par le principe de masculinité. Pour sortir de cette situation, elles doivent combattre pour un autre principe, celui de l'égalité.

C'est cette position que Simone de Beauvoir (1908-1986) défend dans *Le Deuxième Sexe* (1949), où elle expose les mécanismes de la construction culturelle qui gouverne les rapports entre les sexes dans les institutions, les lois, les droits civiques, le mariage, la maternité, l'éducation, la religion, etc. L'ouvrage encourage les femmes à reprendre leur destinée en main, une destinée façonnée par l'histoire multimillénaire (et masculine) des sociétés humaines.

Intellectuelle brillante, Simone de Beauvoir a aussi réfléchi sur la situation des grands malades (*Une Mort très douce*, 1964) et des personnes âgées (*La Vieillesse*, 1970). Elle a laissé également une importante somme autobiographique, dans laquelle elle parle de sa jeunesse, de ses relations avec sa famille et ses amis, de sa vie intime.

Simone de Beauvoir appartient à une longue lignée de militantes qui ont fait avancer la cause de l'émancipation des femmes et, même si aujourd'hui les positions qu'elle défendait ne correspondent plus tout à fait à celles du féminisme contemporain, elle reste exemplaire par son engagement total et par toutes les actions concrètes qu'elle a accomplies.

Lexique

rapports (n.m.pl.) :
les relations entre
personnes, les interactions
réfléchir (v.) :
examiner, analyser une
question
lignée (n.f.) :
une succession, une série
émancipation (n.f.) :
la libération, l'indépendance
engagement (n.m.) :
l'action de combattre
pour une cause

Autour du texte

Lire

1. Par quel paradoxe peut-on résumer
   la position sociale des femmes ?
2. Quel est le titre de l'ouvrage le plus célèbre
   de Simone de Beauvoir ?
3. Pourquoi a-t-elle écrit ce livre ?
4. Dans quels domaines l'inégalité entre hommes
   et femmes est-elle visible ?
5. Sur quel autre sujet Simone de Beauvoir
   a-t-elle aussi écrit ?

Parler

■ Commentez cette célèbre phrase de Simone
de Beauvoir : « On ne naît pas femme,
on le devient » (*Le Deuxième sexe*, 1949).
■ Décrivez des situations qui illustrent
la condition des femmes dans le monde.
■ Dites laquelle de ces propositions vous paraît
prioritaire :
- L'égalité sociale et légale entre hommes
et femmes.
- L'affirmation et la reconnaissance
des différences entre hommes et femmes.

Rechercher

■ Les titres, les thèmes des ouvrages
de Simone de Beauvoir.
■ Le nom du groupe auquel Simone
de Beauvoir participait dans les années 70
et qui luttait pour l'émancipation des femmes.
■ Des cas où l'égalité entre hommes
et femmes est observable dans les faits.

JACQUES DERRIDA

Le philosophe français le plus lu au monde fait partie d'une génération d'intellectuels qui ont marqué l'après-guerre dans des domaines tels que la philosophie, la sociologie, la psychanalyse, l'histoire, la critique littéraire, l'épistémologie. Jacques Derrida est l'auteur d'une œuvre volumineuse qui a refaçonné les systèmes de pensée modernes et influencé les milieux intellectuels d'aujourd'hui.

Jacques Derrida est né en Algérie en 1930, il a enseigné la philosophie à Paris et dans de nombreuses universités américaines. Après la publication de ses ouvrages-clés en 1967 (*De la Grammatologie* et *L'Écriture et la Différence*), son nom est associé à l'ère de la postmodernité et surtout à la déconstruction, une stratégie de lecture des « grands textes » classiques qui interroge la binarité des concepts analytiques (corps / esprit, sacré / profane, parole / écriture, présence / absence, etc.) et leur hiérarchie. Déconstruire engage ainsi à suivre la trace de voix toujours complexes et différentes qui s'échappent de notions totalisantes.

On a beaucoup parlé du style obscur de Jacques Derrida. Dans une lettre de 1992, un groupe d'universitaires britanniques déclarait que l'œuvre de Derrida « n'était pas conforme aux normes acceptées de clarté et de rigueur ». Rien n'est immédiatement clair en effet dans les pages de Derrida, le mot fait souvent double sens, l'ellipse rend les phrases plus ouvertes, les allusions, les références déconcertent le lecteur.

Jacques Derrida a publié plus de 80 ouvrages, travaillant frénétiquement, conscient que la vie est toujours menacée par la mort. Il est décédé à l'automne 2004 à la suite d'une longue maladie.

Lexique

tel que (adj.pron. : comme
œuvre (n.f.) : travail, travaux, publications
ouvrage-clé (n.m.) : publication principale, essentielle
suivre (v.) : accompagner
ellipse (n.f.) : qui n'est pas dit explicitement
déconcerter (v.) : troubler, surprendre, dérouter
frénétiquement (adv. : avec ardeur, passion

Autour du texte

Lire

1. En quoi Jacques Derrida est-il un intellectuel pluridisciplinaire ?
2. La réflexion de Derrida est à l'origine de quelle notion ?
3. Quelle est l'objectif de cette approche philosophique ?
4. Cette réflexion suppose quels procédés ?
5. Quelle critique a été adressée à Jacques Derrida ?
6. Quelles techniques stylistiques utilise-t-il ?

Parler

■ Citez des « binômes » (e.g., parole / écriture, présence / absence, nuit / jour), montrez comment les deux éléments sont complémentaires.

■ Présentez une brève définition de la philosophie, expliquez son rôle, ses objectifs.

■ Selon vous, une réflexion sur la complexité peut-elle s'exprimer simplement ? Commentez cette remarque de Nicolas Boileau : « Ce qui se conçoit bien s'énonce clairement / Et les mots pour le dire arrivent aisément » (*Art poétique, Chant I*, 1674).

Rechercher

■ Le metteur en scène américain qui s'est inspiré de l'œuvre de Derrida, le titre du film.

■ Les auteurs, les œuvres analysés dans les ouvrages de Jacques Derrida.

■ Une définition de la postmodernité.

DICTÉE

La dictée, cauchemar des écoliers depuis la Troisième République, revient aujourd'hui en force dans les pratiques quotidiennes. Face au déclin de la maîtrise des règles de la langue, les universités intègrent des cours d'orthographe dans les programmes, les grandes écoles imposent une dictée à leur concours d'entrée et les entreprises font de plus en plus attention aux qualités orthographiques des candidats à un emploi.

Les raisons de ce déclin sont multiples et anciennes, on peut citer comme exemples la plus grande tolérance envers les « fautes » de langue, la prééminence du visuel sur le textuel, le langage « texto » et, bien sûr, l'extrême complexité des règles parfois.

Une tentative pour simplifier l'orthographe a eu lieu dans les années 90 mais des spécialistes la jugent trop timide et envisagent des réformes plus radicales, comme par exemple ignorer les doubles consonnes non prononcées : « Au colège, il est dificile d'apeler un inocent une persone inofensive » ; les lettres « y » et « h » seraient aussi éliminées : « biciclete », « ipotèse », « bibliotèque », « téorie », « rume » et « ortografe »... Plus encore, les bizarreries du pluriel en « x » seraient supprimées : des animaus, des chevaus, les cheveus, etc.

Ces propositions provoquent des controverses et irritent tous les passionnés de la dictée qui participent chaque année à des concours nationaux. Mais les avocats du changement ont leur argument : la langue est un organisme naturel qui évolue et les institutions doivent suivre.

Autour du texte

Lire

1. À quoi sert la dictée ?
2. Qu'est-ce qui montre que le niveau de connaissance des règles de la langue baisse ?
3. Quelles sont les causes possibles ?
4. Pourquoi veut-on réformer l'orthographe ?
5. Quelles réformes sont proposées ?
6. Existe-t-il une opposition aux réformes ?
7. Comment est justifiée la nécessité de réformer l'orthographe ?

Parler

■ Citez des exemples de réforme d'autres langues dans le monde.
■ Exprimez votre opinion sur ces propositions :
- La connaissance de l'orthographe est en déclin parce qu'on lit moins aujourd'hui.
- Les règles du français sont trop compliquées, il faut les simplifier.
- Les réformes sont une validation des nouveaux usages de la langue.
■ Commentez cette remarque de Paul Valéry :
« On a trop réduit la connaissance de la langue à la simple mémoire. Faire de l'orthographe le signe de la culture, [c'est un] signe des temps et de la sottise » (*Tel Quel*, 1941).

Rechercher

■ Faire une composition en un ou deux paragraphes qui incorpore les propositions de réformes de l'orthographe évoquées dans le texte.
■ Des exemples de réformes récentes de l'orthographe française.
■ Le sens des expressions : « langue de bois » et « langue de Molière ».

Lexique

cauchemar (n.m.) :
un mauvais rêve,
une hantise, une crainte
excessive
quotidien (adj.) :
de tous les jours, courant,
commun
concours (n.m.) :
un examen compétitif
et sélectif
prééminence (n.f.) :
la prédominance,
la prépondérance
règle (n.f.) :
la norme, l'usage,
la convention
orthographe (n.f.) :
l'ensemble des règles et
des usages des mots écrits
suivre (v.) :
se conformer

FESTIVAL DE CANNES

En mai chaque année, a lieu l'évènement principal du cinéma en France : le Festival de Cannes. Il se déroule dans un cadre prestigieux, sur la Croisette, à quelques pas des flots bleus de la Méditerranée. C'est une occasion unique pour les amateurs d'apercevoir les stars de cinéma faire leur entrée sur le tapis rouge qui couvre les « 24 marches de la gloire » du Palais des Festivals et des Congrès.

La première édition du Festival a eu lieu en 1946, juste après la guerre. Depuis, le jury de Cannes décerne chaque année sa récompense suprême, la Palme d'Or, au meilleur film de l'année, français ou étranger. Des prix sont aussi attribués au meilleur acteur ou à la meilleure actrice (Prix d'interprétation), au meilleur metteur en scène (Prix de la mise en scène), au meilleur scénariste...

Le festival fait grand bruit dans les médias. Plusieurs milliers de journalistes et de photographes, des centaines de stations de radio et de télévision sont présents dans la ville. L'industrie du cinéma en France est naturellement bénéficiaire de cet évènement annuel, les films récompensés sont en général assurés d'un bon succès commercial.

Lexique

se dérouler (v.) :
avoir lieu, se passer
cadre (n.m.) :
l'environnement, le lieu
flots (n.pl.) :
la mer
apercevoir (v.) :
voir brièvement
décerner (v.) :
attribuer, accorder
récompense (n.f.) :
un prix
faire grand bruit (loc.v.) :
avoir un grand écho
médiatique

Autour du texte

Lire

1. Où se trouve Cannes ?
   Que s'y passe-t-il
   chaque année ?
2. Depuis quand cet évènement a-t-il lieu ?
3. Quel rituel particulier caractérise le Festival
   de Cannes ?
4. Quel prix est le plus prestigieux ?
5. Quelles récompenses sont également distribuées ?
6. Pourquoi peut-on dire que le Festival
   est un grand évènement médiatique ?
7. De quelle façon la profession profite
   de cet évènement ?

Parler

■ Présentez un grand évènement
cinématographique dans le monde.
■ Citez les grands pays producteurs de films,
nommez les stars contemporaines du cinéma.
■ Commentez cette remarque de John Ford
(1894-1973), metteur en scène américain :
« Le meilleur cinéma, c'est celui où l'action est
longue et les dialogues brefs ».

Rechercher

■ Des films qui ont obtenu le premier prix
à Cannes ; des acteurs, actrices, qui ont obtenu
des récompenses.
■ La raison pour laquelle on appelle le cinéma
le « septième art ».
■ Le sens de l'expression : « Faire tout un cinéma ».

GUIGNOLS

Guignol est un personnage inventé vers 1810 par Laurent Mourguet, dentiste amateur à Lyon. Selon la légende, Mourguet avait imaginé Guignol pour attirer et amuser les gens pendant qu'il opérait ses clients. Depuis, les aventures de cette marionnette et de ses compagnons (son ami Gnafon, son ennemi le Gendarme Flageolet et la mère Michel) ont fasciné des générations d'enfants, qui adorent ce théâtre participatif où on leur demande d'exprimer leurs sentiments, leurs émotions, leurs opinions.

En 1988, une nouvelle tradition de marionnettes s'est imposée, visant les adultes cette fois : « les Guignols de l'info ». Cette émission est la plus populaire de l'histoire de la télévision française. Satire de la société, de la scène internationale, de la politique, les marionnettes des Guignols interviennent dans un journal télévisé en direct animé par PPD, initiales de Patrick Poivre d'Arvor, ex-présentateur vedette d'une chaîne de télévision nationale.

Chaque soir, l'actualité est revue et rejouée pendant une dizaine de minutes par ces marionnettes grotesques, à l'humour féroce, qui parodient des personnalités de la politique, du spectacle, caricaturent des célébrités du sport, des affaires, des médias. Les marionnettes paraissent aussi vraies que les personnages réels, créant ainsi une certaine confusion dans l'opinion publique.

Autour du texte

Lire

1. Comment est née la marionnette Guignol ?
2. Pourquoi les enfants aiment Guignol ?
3. Aujourd'hui, qui sont les Guignols ?
   Qui les regardent ?
4. Qui est l'objet de leur humour ?
5. Comment sont-ils mis en scène ?
6. Qu'est-ce qui montre que les Guignols
   ont réussi leurs imitations ?

Parler

■ Présentez des émissions de télévision comparables aux Guignols de l'info dans d'autres pays.

■ Débattez ces propositions :

- La parodie est un instrument de critique puissant d'abord parce qu'elle dit la vérité et ensuite parce qu'elle fait rire.

- La quantité de liberté accordée aux citoyens d'une nation est proportionnelle au degré d'humour que son gouvernement est capable de tolérer.

Rechercher

■ Des marionnettes célèbres de l'émission des Guignols de l'information.

■ Des théâtres de marionnettes traditionnels dans le monde.

■ Le sens de cette remarque du biologiste Félix le Dantec : « L'homme est une marionnette consciente qui a l'illusion de sa liberté » (*Science et Conscience*, 1908).

Lexique

marionnette (n.f.) :
une figurine animée
par une personne cachée

viser (v.) :
fixer pour objectif, cibler

satire (n.f.) :
une critique par l'humour

en direct (loc.) :
qui est diffusé en temps réel

animé (adj.) :
présenté

vedette (adj. :
célèbre, notoire

parodier (v.) :
représenter, personnifier
avec humour

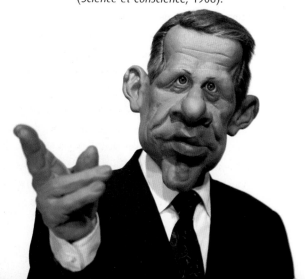

VICTOR HUGO

La première chose qu'on associe à Victor Hugo c'est l'ampleur, l'échelle, le volume de sa production. Il s'est exprimé dans des genres aussi différents que le roman, la poésie, le théâtre et l'essai. Hugo a également été un homme engagé : élu député en 1848, il quitte la France trois ans plus tard à la suite du coup d'état de Louis-Napoléon Bonaparte. Quand il rentre enfin après la défaite du Second Empire, Victor Hugo a passé vingt ans en exil. Il meurt en 1885 à Paris, à l'âge de 82 ans. Des millions de Parisiens assistent à ses funérailles au Panthéon.

L'œuvre de Victor Hugo est un pôle majeur de la littérature française : romantique et baroque, son œuvre continue de surprendre par son exubérance et sa générosité. Il reste aujourd'hui le plus populaire des auteurs français, on apprécie ses tableaux éloquents de la condition des plus pauvres, des opprimés, du peuple silencieux. Victor Hugo irrite aussi parfois et pour les mêmes raisons qu'il est aimé : lorsqu'on lui demandait qui était le plus grand poète français, André Gide a répondu : « Victor Hugo, hélas ! »

Victor Hugo est incontournable : on marche partout en France le long d'avenues ou de boulevards Victor Hugo, on s'arrête sur des places Victor Hugo, on déjeune dans des brasseries Victor Hugo, les enfants étudient dans des « écoles Victor Hugo ». Le visage aux cheveux blancs du penseur social au front si large a même figuré longtemps sur les billets de 5 francs.

Autour du texte

Lire

1. Qu'est-ce qui montre que Victor Hugo est un auteur prolifique et divers ?
2. Quel rôle politique a joué Victor Hugo ?
3. Pourquoi Victor Hugo a-t-il choisi de vivre hors de France ?
4. Quand revient-il en France ? Après combien de temps ?
5. Quand a-t-il disparu ? Où est-il enterré ?
6. Qu'est-ce qu'on admire dans l'œuvre de Hugo ?
7. Victor Hugo est-il critiqué ?
8. Pourquoi peut-on dire que Victor Hugo est toujours une personnalité importante en France ?

Lexique

échelle (n.f.) :
la dimension
député (n.m) :
un représentant du peuple
à l'Assemblée
funérailles (n.f.p.) :
un enterrement,
une inhumation,
les obsèques
œuvre (n.f.) :
la production littéraire,
les publications
éloquent (adj.) :
convaincant, persuasif
opprimé (adj.) :
asservi, dominé, tyrannisé
hélas ! (interj.) :
malheureusement ;
qui exprime le regret
incontournable (adj.) :
qu'on ne peut pas éviter,
ignorer

Parler

■ Nommez de grands auteurs nationaux dans d'autres pays du monde.
■ Présentez votre conception du rôle de l'artiste et de l'écrivain dans la société.
■ Commentez cette remarque sous forme de jeu de mots de Victor Hugo : « L'homme fort dit : je suis. Et il a raison. Il est. L'homme médiocre dit également : je suis. Et lui aussi a raison. Il suit. » (*Océan*, 1850).

Rechercher

■ Les grandes œuvres et les personnages de Victor Hugo.
■ La vie de Victor Hugo en exil, les lieux de son exil.
■ Les « grands hommes » enterrés au Panthéon à Paris.

IMPRESSIONNISTES

L e 14 juillet 1789, le peuple de Paris s'est révolté pour renverser l'Ancien Régime ; le 15 avril 1874, des artistes se sont réunis dans le cadre d'une exposition pour imposer un nouveau style, contre les canons esthétiques classiques. Le succès des peintres impressionnistes n'a pas été aussi immédiat que celui des révolutionnaires, mais leurs œuvres ont finalement donné naissance à l'art moderne.

En 1872, Claude Monet nomme son tableau *Impression, soleil levant*, trois mots qui résument les idées essentielles de cette nouvelle génération de peintres : attention au fugitif, à l'instant, à l'impression créée par le mouvement ; importance du sujet situé en plein air, à l'extérieur ; prééminence des couleurs, de la lumière, des reflets ; et ce « soleil levant » n'est-il pas aussi une référence au Japon ? Ce Japon des peintres de l'ukiyo-e (images du monde flottant), comme Hokusai, Hiroshige, qui ont tant inspiré les impressionnistes.

Les œuvres de Monet coûtent aujourd'hui des sommes faramineuses, mais les impressionnistes ont été moqués et attaqués par les journalistes et les critiques d'art de l'époque, par leurs collègues de la tradition académique. Certains amis de Monet, comme Camille Pissaro, ont longtemps vécu dans la misère.

Avec les impressionnistes, l'art prend un nouveau sens : ce ne sont plus la vraisemblance, la ressemblance, les formes, la narration qui comptent dans la création ; le sujet est désormais la relation de l'artiste au monde et l'impression que ce monde produit sur lui.

Autour du texte

Lire

1. Quand a eu lieu la première exposition des impressionnistes ?
2. À quoi leur style de peinture s'opposait-il ?
3. Quelles sont les caractéristiques du style impressionniste ?
4. Comment le « soleil levant » fait-il allusion au Japon ?
5. Les œuvres impressionnistes ont-elles été immédiatement acceptées ?
6. De quelle manière l'impressionnisme renouvelle l'idée de l'art, le rôle de l'artiste ?

Lexique

renverser (v.) :
défaire, mettre à bas, vaincre
canon (n.m.) :
la loi, la règle, le critère, la norme
faramineux (adj.) :
extraordinaire
vraisemblance (n.f.) :
ce qui ressemble au réel, qui reproduit la réalité
désormais (adv.) :
maintenant

Parler

■ Présentez un artiste, un tableau qui compte pour vous.
■ Selon vous, qu'est-ce qui est le plus important :
- les formes ou les couleurs ?
- Les lignes ou le mouvement ?
■ Comparez et commentez ces deux remarques :
- « En art, l'exactitude est la déformation et la vérité est le mensonge » (Octave Mirbeau, *Les écrivains*, 1925-1926).
- « L'art est fait pour troubler. La science rassure » (Georges Braque, *Le jour et la nuit*, 1917-1958).

Rechercher

■ Les impressionnistes : les artistes, leurs œuvres.
■ Les écoles, les styles de peinture qui ont succédé à l'impressionnisme.

LE MONDE

Même s'il n'est pas lu par une majorité des Français (son tirage est d'environ 320 000 exemplaires par jour), le journal *Le Monde* est généralement considéré en France et à l'étranger comme le meilleur quotidien de la presse française pour la qualité et la richesse de ses informations. Le journal a été fondé à la Libération en 1944 par le journaliste Hubert Beuve-Méry.

Le Monde possède certaines originalités qui le distinguent de ses concurrents : le journal est distribué en début d'après-midi et est daté du jour suivant ; il est soutenu par une « société de lecteurs », qui lui assure une indépendance financière ; l'information fait une large part à la politique étrangère, à la situation internationale et à la diplomatie ; ses pages offrent enfin de nombreux analyses et commentaires sur les évènements, rédigés par des journalistes de talent.

Depuis quelques années, *Le Monde* contient de plus en plus de photographies illustrant ses articles, mais l'accent reste placé sur l'aspect textuel de l'information. Sur la « une » du quotidien figure souvent un dessin humoristique qui résume en quelques traits l'article principal de l'édition.

Autour du texte

Lire

1. De quand date le premier numéro du journal *Le Monde* ?
2. Combien d'exemplaires sont imprimés quotidiennement ?
3. À quel moment de la journée peut-on l'acheter ?
4. Comment l'autonomie budgétaire du *Monde* est garantie ?
5. Quel type d'information est prioritaire dans *Le Monde* ?
6. Que trouve-t-on en première page du *Monde* ?

Parler

- Présentez des grands quotidiens dans le monde, leurs qualités, leurs caractéristiques.
- Décrivez les différents moyens de financement d'un journal.
- Débattez les propositions suivantes :
- L'indépendance de la presse n'est pas assurée partout dans le monde.
- Avec la multiplication des sources et des moyens d'information, la presse quotidienne n'a pas d'avenir.

Rechercher

- Le profil des lecteurs du *Monde* ; les autres publications du *Monde*.
- Les quotidiens nationaux en France, leurs caractéristiques, leur audience.
- Le sens de l'expression : « Pas de nouvelles, bonnes nouvelles ! »

Lexique

tirage (n.m.) :
le nombre d'exemplaires imprimés d'une publication
quotidien (n.m.) :
un journal publié chaque jour
concurrent (n.m.) :
un rival, un compétiteur
soutenu (adj.v.) :
aidé, assisté
rédiger (v.) :
écrire
placer l'accent (loc.v.) :
donner la priorité
la une (n.f.) :
la première page d'un journal

LE PETIT PRINCE

Chaque adulte a été un enfant, remarque Antoine de Saint-Exupéry. Mais alors, où est cet enfant ? A-t-il disparu définitivement ? Ou au contraire est-il toujours là, en soi, prêt à se manifester, à poser des questions essentielles, à s'interroger sur les comportements, les habitudes des « grandes personnes » ?

La parole de l'enfant fascine, car elle s'exprime en dehors des convenances, des conventions. Lorsque le pilote d'avion Saint-Exupéry rencontre ses personnages dans le désert, c'est peut-être avec lui-même qu'il parle, c'est peut-être sa voix intérieure qu'il écoute : « On ne voit bien qu'avec le cœur. L'essentiel est invisible pour les yeux », dit le renard.

Le Petit Prince, publié au milieu de la seconde guerre mondiale, traduit en 180 langues, reproduit à une centaine de millions d'exemplaires depuis 1943, est une parabole contre toutes les guerres, contre tous les conflits, contre tous les égoïsmes. Sous l'apparence d'un livre écrit pour les enfants, Saint-Exupéry s'adresse aux adultes, car les enfants ne causent pas les guerres, ils apprennent seulement à devenir de grandes personnes.

Antoine de Saint-Exupéry, *Le Petit Prince*,
© Editions Gallimard.

Lexique

en soi (loc.) :
à l'intérieur d'une personne
se manifester (v) :
apparaître
comportement (n.m.) :
les attitudes, les actions
parole (n.f.) :
ce qui est dit, exprimé
par les mots
convenances (n.f.pl.) :
les bonnes manières
conventions (n.f.pl.) :
les lois, les obligations,
les normes
renard (n.m.) :
un animal qui a la
réputation d'être
intelligent, rusé
parabole (n.f.) :
une façon de s'exprimer
symboliquement

Autour du texte

Lire

1. Qui est l'auteur du *Petit Prince*, quel est son métier ?
2. En quelle année le livre a-t-il été publié ? Quelle était la situation dans le monde à cette époque ?
3. Dans quel endroit a lieu la conversation entre l'auteur et le Petit Prince ?
4. Qu'est-ce qui montre que *Le Petit Prince* est un succès d'édition ?
5. Quels sont les objectifs de l'auteur du *Petit Prince* ?
6. *Le Petit Prince* est-il un livre pour enfants ?

Parler

■ Présentez des œuvres avec un enfant pour héros.
■ Commentez ce proverbe français : « La vérité sort toujours de la bouche des enfants ».
■ Comparez avec des proverbes ou expressions dans d'autres langues.
■ Réfléchissez sur le sens de cette phrase extraite du *Petit Prince* : « Tu es responsable pour toujours de ce que tu as apprivoisé ».

Rechercher

■ Les sources d'inspiration du *Petit Prince*, des extraits célèbres du livre.
■ Les autres ouvrages de l'auteur du *Petit Prince*.

PRIX GONCOURT

Le prix Goncourt est le plus prestigieux des prix littéraires attribués en France. Il a été établi à la suite d'un don testamentaire de l'écrivain Edmond de Goncourt (1822-1896). Le premier prix Goncourt a été décerné en 1903.

Ce prix récompense chaque année « le meilleur volume d'imagination en prose », autrement dit un roman. L'ouvrage doit être publié dans l'année et le prix ne peut pas être attribué plus d'une fois au même auteur. Les auteurs récompensés ne reçoivent qu'une somme minime (un chèque de 10 euros) mais grâce à l'intense publicité que produisent les médias autour de l'évènement, certains « Goncourt » se vendent à des centaines de milliers d'exemplaires.

Le jury Goncourt comprend dix membres choisis par cooptation et nommés à vie, ils se réunissent une fois par mois dans un salon du restaurant Drouant à Paris pour discuter des nouveautés en librairie et préparer leur sélection. Le lauréat du prix est annoncé au début du mois de novembre.

Des écrivains illustres figurent parmi les lauréats du Goncourt : Marcel Proust en 1918 ; André Malraux en 1933 ; Simone de Beauvoir en 1954 ; Marguerite Duras en 1984. En 1951, Julien Gracq a refusé le prix, qu'il jugeait indigne de l'éthique littéraire.

Marie Ndiaye

Lexique

don (n.m.) :
une donation
décerner (v.) :
attribuer, accorder
ouvrage (n.m.) :
une œuvre, un livre
grâce à (prép.) :
à la suite de, à cause de
(positivement)
cooptation (n.f.) :
une procédure de sélection
par les autres membres
lauréat (n.m.) :
une personne qui reçoit
une distinction,
une récompense
indigne (adj.) :
qui ne mérite pas
d'attention, qui n'est pas
respectable
éthique (n.f.) :
la morale, la déontologie,
des principes

Autour du texte

Lire

1. Le prix Goncourt date de quelle époque ?
2. Quel est son objectif ?
3. Le prix est décerné à quelle fréquence
   et à quel moment de l'année ?
4. Quels sont les critères d'attribution du prix ?
5. Qui décide de l'attribution du prix et
   de quelle manière ?
6. Un lauréat du Goncourt perçoit-il beaucoup d'argent ?
7. Qu'est-ce qui montre que ce prix a beaucoup
   de prestige ?

Parler

- Présentez des prix littéraires prestigieux
  dans le monde.
- Dites pour quelles raisons un prix littéraire est
  important pour un auteur.
- Débattez les propositions suivantes :
- Les prix littéraires sont surtout une opération
  commerciale.
- En achetant un livre récompensé, on est sûr d'avoir
  un bon livre.

Rechercher

- Le lauréat du dernier prix Goncourt et le titre
  du roman.
- D'autres prix littéraires en France, le type
  d'ouvrages qu'ils récompensent.
- Le sens de l'expression : « Raconter des histoires ».

SEMPÉ

Les dessins de Jean-Jacques Sempé semblent être là depuis toujours, leur présence depuis un demi-siècle dans les journaux et les magazines a quelque chose d'éternel. Ce sont des dessins qui capturent avec un humour délicat l'essence de moments ordinaires, qui fixent les instants de vie de gens simples, découvrant leurs petits problèmes, signalant leurs petites bêtises.

Le personnage le plus connu de Sempé est le petit Nicolas qui raconte : « Le soir, le docteur est venu mettre sa tête sur ma poitrine, je lui ai tiré la langue, il m'a donné une petite tape sur la joue et il m'a dit que j'étais guéri et que je pouvais me lever. » L'humour de Sempé se résume dans cette proposition : l'humain se prend au sérieux mais avec un peu de distance, ses actions paraissent dérisoires.

Sempé est le plus célèbre des dessinateurs français, ses couvertures pour le *New Yorker* et pour des magazines du monde entier lui ont assuré une renommée internationale. Ses dessins transmettent une image prévisible de la France, de ses habitants, et de Paris en particulier.

On reproche parfois à Sempé une certaine immobilité : ses personnages, les décors ont l'air figés dans une atmosphère des années soixante ; on y voit rarement de téléphones portables, les automobiles ont des formes arrondies et ressemblent à des jouets d'enfants... Dans une interview pour le journal *The Independent* en 2006, Sempé confessait qu'il trouvait le monde d'aujourd'hui plus complexe et moins intéressant à dessiner.

Lexique

bêtise (n.f.) :
une gaffe, une action bête, idiote
dérisoire (adj.) :
de peu d'importance
renommée (n.f.) :
une célébrité
prévisible (adj.) :
attendu, stéréotypé, coutumier
figé (adj.) :
qui ne bouge pas, n'évolue pas, qui est immobile
confesser (v.) :
dire avec sincérité, confier un sentiment

Autour du texte

Lire

1. Quel est métier de Jean-Jacques Sempé ?
2. Depuis quand publie-t-il ses dessins ?
3. Comment peut-on expliquer l'humour de Sempé ?
4. Pourquoi Sempé est-il célèbre hors de France ?
5. Quelles critiques adresse-t-on généralement à Sempé ?
6. Comment répond-il à ces critiques ?

Parler

■ Présentez des dessinateurs humoristiques, leur style, le type de personnages qu'ils mettent en scène.
■ Racontez une histoire drôle.
■ Commentez les propositions suivantes :
- Un dessin humoristique dit plus qu'un long texte.
- L'humour n'est pas toujours compréhensible d'une culture à l'autre.

Rechercher

■ Des titres d'albums de dessins de Sempé.
■ Le sens de l'expression : « Je ne vais pas vous faire un dessin ».

TINTIN

Vite, chez le capitaine!...

Hergé (1907-1983), le créateur de *Tintin*, est belge et francophone ; les histoires captivantes de son jeune héros, toujours accompagné de son chien Milou, ont passionné des générations d'enfants depuis les années trente.

La clarté et la simplicité des dessins, les lieux mystérieux sur tous les continents où se passent ses aventures, l'humour des personnages – le capitaine Haddock, le professeur Tournesol, les inspecteurs de police Dupont et Dupond –, tous ces ingrédients ont contribué au succès extraordinaire de la série de vingt-quatre albums, traduite dans des dizaines de langues et vendue à des centaines de millions d'exemplaires.

Tintin, héros parfois naïf mais toujours intrépide, a toujours eu la capacité de faire rêver : plus de quinze ans avant que l'américain Neil Armstrong pose son pied sur la lune, le jeune reporter et ses amis y avaient déjà emmené leurs lecteurs dans une fusée conçue par le professeur Tournesol.

Autour du texte

Lire

1. Qui est l'inventeur de Tintin ?
2. À quelle époque ont paru les premières aventures de Tintin ?
3. Quelle est la profession de Tintin ?
4. Quel est son caractère, sa personnalité ?
5. Qui sont les compagnons de Tintin ?
6. Qu'est-ce qui montre que Tintin est un personnage très célèbre ?
7. Qu'est-ce qui explique le succès de ses aventures ?

Parler

■ Présentez des personnages de bande dessinée célèbres dans le monde.
■ Présentez votre bande dessinée préférée.
■ Selon vous, la bande dessinée est-elle un art réservé aux enfants ?

Rechercher

■ Les titres des aventures de Tintin. Dans quel album est-il sur la lune ? En Chine ?
■ Les « jurons » du capitaine Haddock, les « inventions » du professeur Tournesol.
■ Certaines controverses autour des aventures de Tintin.

Lexique

captivant (adj.) : passionnant
passionner (v.) : fasciner, intéresser vivement
clarté (n.f.) : la netteté, la précision
dessin (n.m.) : une image, une représentation au crayon et en couleurs
lieu (n.m.) : un endroit, un pays, une région
intrépide (adj.) : audacieux, qui prend des risques
emmener (v.) : prendre avec soi, accompagner
fusée (n.f.) : un vaisseau, un véhicule spatial

BORIS VIAN

Comme les comètes qui ne laissent qu'une brève lumière dans la nuit, Boris Vian, génie fugace, continue d'intriguer plus de 50 ans après sa disparition, en 1959. Ingénieur, romancier, poète, musicien, auteur-compositeur de chansons et de comédies musicales, acteur, journaliste, traducteur, conférencier et chroniqueur, Vian avait de multiples talents. Malheureusement, victime d'une crise cardiaque à l'âge de 39 ans, la vie ne lui a pas donné le temps de vieillir.

Le nom de Boris Vian est lié au quartier Saint-Germain-des-Prés, sur la Rive Gauche à Paris. Au lendemain de la Libération, la jeunesse célébrait sa liberté retrouvée dans les clubs de jazz, les cafés. Boris Vian jouait de la trompette au Tabou, discutait avec Jean-Paul Sartre au Café de Flore, partageait son temps entre musique et littérature, chansons et poésie. Au moment où la France est engagée dans une guerre coloniale en Indochine, Vian chante *Le Déserteur*, une chanson qui deviendra le manifeste des pacifistes du monde entier.

Mais Vian est aussi l'auteur d'étonnants romans : *L'Écume des jours* (1946), *L'Automne à Pékin* (1947), *L'Arrache cœur* (1953). Ignorés par le public lors de leur publication, c'est seulement vers la fin des années soixante qu'ils ont trouvé l'audience et le succès qu'ils connaissent aujourd'hui. Des générations de lycéens ont grandi à la lecture du style incomparable de Vian, où les objets parlent et s'animent dans un monde onirique et drôle, fragile toutefois, comme le cœur toujours jeune et rebelle de l'auteur.

Autour du texte

Lire

1. Pourquoi peut-on comparer Boris Vian à une comète ?
2. Qu'est-ce qui montre que Boris Vian avait de nombreux talents ?
3. Qu'est-ce qui a contribué à la célébrité du quartier de Saint-Germain-des-Prés ?
4. De quel instrument de musique jouait Vian ?
5. Avec quel philosophe français était-il ami ?
6. Vian a composé une chanson contre la guerre, laquelle ?
7. À partir de quand les romans de Boris Vian ont-ils commencé à être appréciés ?
8. Comment peut-on caractériser l'atmosphère de ses livres ?

Parler

■ Nommez, présentez des artistes qui ont disparu très jeunes.
■ Commentez cette remarque de Boris Vian : « Un général sans soldat est-il dangereux ? » (*Textes et chansons*, 1966).

Rechercher

■ Le pseudonyme sous lequel Vian a écrit un certain nombre de « romans noirs » ; les titres de ces romans.
■ Des chansons célèbres de Boris Vian.
■ Les circonstances de la mort de Boris Vian.

Lexique

fugace (adj.) :
qui ne dure pas longtemps, qui disparaît vite
crise cardiaque (n.f.) :
une maladie du cœur
partager (v.) :
diviser, distribuer
déserteur (n.m.) :
un soldat qui abandonne illégalement l'armée
lycéen (n.m.) :
un étudiant au lycée, élève du secondaire
onirique (adj.) :
qui est du domaine du rêve, de l'imaginaire

POUR FAIRE LE POINT

De quelles icônes s'agit-il ?

1. Si vous gagnez ce prix, vous êtes assuré(e) que votre roman se vendra bien.

2. Il est probable que vous marcherez un jour sur une avenue qui porte le nom de cet auteur du 19e siècle.

3. Ils ont imposé un style par lequel l'artiste peut exprimer ses impressions en toute liberté.

4. Ce jeune journaliste s'est promené sur la lune avant tout le monde.

5. Dans ses dessins, l'humain est tout petit et paraît contingent.

6. C'est un moyen de vérifier si vous écrivez correctement et si vous connaissez les règles.

7. Ces faux personnages se moquent de tout le monde dans leur journal télévisé.

8. Elle a fait avancer la cause des femmes en montrant qu'elles subissent toutes sortes de discriminations.

9. Le meilleur film y gagne chaque année une Palme d'or.

10. Elle habite Montmartre et elle voudrait faire le bonheur de tout le monde.

11. C'est le quotidien en France le plus international.

Les réponses sont page 189.

VIE QUOTIDIENNE

ACCORDÉON

C'est l'instrument qui met la France en musique, il accompagne les images du Paris des touristes, des rues de Montmartre, des quartiers pittoresques ; il donne une touche de romance et de sentiment aux films qui désirent retrouver la trace d'une France traditionnelle, pittoresque.

L'accordéon a eu son heure de gloire dans les années trente et quarante : au cœur de la musique populaire du moment, il évoque le style « bal-musette », les fêtes en famille, les cabarets dansants, les guinguettes du bord de la Marne, comme celle de *La Grenouillère*, où Renoir et Monet venaient chercher l'inspiration.

Ignoré ou méprisé par les jeunes générations, on entendait l'accordéon dans les bals du 14 Juillet ou à l'occasion d'un mariage, lorsqu'un oncle amateur sortait l'instrument de sa boîte. Le souffle généreux et coloré de l'instrument poussait alors sa chanson nostalgique, le temps d'une soirée.

Mais si le bal-musette est aujourd'hui démodé, l'accordéon n'a pas terminé sa carrière. Il revient pour s'insérer dans des orchestres de musiques traditionnelles, chez des artistes de la chanson française ou encore dans des groupes de musique contemporaine et de jazz. Populaire, classique ou d'avant-garde, l'accordéon étonne toujours.

Lexique

pittoresque (adj.) :
charmant, typique,
qui ressemble
à une carte postale
bal-musette (n.m.) :
un bal populaire d'origine
auvergnate
guinguette (n.f.) :
un café-restaurant
où on peut danser
méprisé (adj.) :
dédaigné, peu aimé,
mal considéré
souffle (n.m.) :
le vent, la respiration,
un mouvement d'air
nostalgique (adj.) :
mélancolique, qui évoque
le temps passé
étonner (v.) :
surprendre

Autour du texte

Lire

1. À quelle France pense-t-on lorsqu'on entend l'accordéon ?
2. À quelle époque a-t-il été un instrument très à la mode ?
3. À quels lieux, à quels évènements est-il associé ?
4. Comment l'accordéon est-il perçu chez les jeunes ?
5. Où peut-on entendre l'accordéon aujourd'hui ?

Parler

■ Citez des instruments de musique traditionnels et les pays ou régions auxquels ils sont généralement associés.
■ Présentez des styles de musique et nommez les instruments qui sont utilisés.
■ Présentez votre instrument préféré et expliquez pourquoi vous l'aimez.

Rechercher

■ L'origine de l'accordéon, la catégorie d'instruments de musique à laquelle il appartient.
■ L'origine du mot bal-musette, des détails sur les guinguettes du bord de la Marne.
■ Le sens des expressions : « Un musicien du dimanche » et « Je connais la musique ! »

BAGUETTE ET BÉRET

Comme les deux faces d'une pièce de monnaie qui se complètent pour constituer une valeur, la baguette et le béret se sont associés pour représenter la France et les Français au reste du monde.

On va chercher la baguette de pain fraîche et croustillante chez le boulanger le matin ; on la met sous le bras, si les mains sont déjà occupées à tenir quelque chose. Casser une baguette en deux pour la mettre dans un sac est déconseillé, c'est à table qu'elle est coupée – ou « rompue » – en petits morceaux qui sont placés dans la corbeille à pain.

Le béret, celui de l'artiste-peintre, du monsieur âgé, de l'écolier ou du militaire, est beaucoup moins formel que le chapeau, et vraiment plus pratique : on le plie en deux ou en quatre, puis on le met dans la poche.

Ce béret vient du Béarn, aux pieds des Pyrénées, les bergers le portaient pour se protéger de la pluie, du vent, de la chaleur et du froid. On n'en voit plus beaucoup aujourd'hui, sauf sur la tête de vieux paysans, de joueurs de pétanque ou dans les fêtes basques, mais il continue à donner la touche finale au portrait universel du Français.

Autour du texte

Lire

1. Quels adjectifs qualifient le mieux une bonne baguette au petit déjeuner ?
2. Où met-on la baguette lorsqu'on n'a pas les mains libres ?
3. Qu'est-ce qu'il ne faut jamais faire avec une baguette ?
4. Traditionnellement, qui porte des bérets en France ?
5. Le béret est originaire de quelle région ?
6. À quoi servait-il ?

Parler

- Décrivez comment sont représentés les Allemands, les Italiens, les Américains, les Chinois... Présentez des objets, des vêtements associés aux nationalités.
- Citez différents types de chapeaux, de coiffures qu'on porte sur la tête.
- Commentez ce proverbe français : « Le pain nous vient lorsqu'on n'a plus de dents ».

Rechercher

- Les types de pain qu'on trouve dans les boulangeries en France.
- Le sens de l'expression : « Avoir du pain sur la planche ».
- Le sens et la composition du mot « couvre-chef ».

Lexique

croustillant (adj.) :
qui craque sous la dent
mettre (v.) :
placer
déconseillé (adj.) :
qui n'est pas recommandé
rompre (v.) :
casser, séparer
berger (n.m.) :
une personne qui garde
les moutons

BRICOLAGE

Le bricolage consiste à faire soi-même des travaux qui sont généralement le domaine de spécialistes : construire des étagères, repeindre des murs, réparer une installation électrique défaillante, une plomberie défectueuse. À chaque tâche accomplie, le bricoleur ressent une fierté légitime : il a prouvé son autonomie, sa capacité d'entreprise et il a économisé une bonne somme d'argent.

Le bricoleur est aussi un inventeur, il pense en permanence à des solutions, il veut améliorer, innover, il réserve ses week-ends à des expériences qu'il a mûries pendant la semaine. Le dimanche matin, à l'heure où tout le monde se repose, le bricoleur prend son marteau et ses clous, scie des planches, fait tourner sa perceuse. Dans sa solitude concentrée, il part à la réalisation de son projet.

Le bricoleur a ses magazines spécialisés, ses supermarchés, ses émissions de télévision, ses clubs. C'est aussi un collectionneur, il possède les meilleurs outils (beaucoup sont hérités de son père et de son grand-père), il les entretient méticuleusement dans son atelier (une partie du garage ou d'une remise).

Le bricoleur et la bricoleuse – car beaucoup sont des femmes – personnifient ainsi un certain individualisme, le succès d'une éthique : compter seulement sur soi-même.

Autour du texte

Lire

1. Bricoler, qu'est-ce que c'est ?
2. Pourquoi peut-on dire que le bricoleur est un multi-spécialiste ?
3. Pour quelles raisons devient-on un bricoleur ?
4. Quand le bricoleur se met-il au travail ?
5. Quels sont les éléments qui forment l'univers du bricoleur ?
6. Quelle est la philosophie du bricoleur ?

Parler

■ Décrivez les qualités nécessaires pour un être un bon bricoleur, une bonne bricoleuse.

■ À votre avis, dans quels cas est-il préférable de réparer ? Dans quelles circonstances vaut-il mieux remplacer ?

■ Expliquez comment construire des étagères.

Rechercher

■ Les types de bricolage, les outils, le matériel.
■ Le sens de la locution : « Système D ».
■ Le sens de l'expression : « Oh, c'est juste une bricole ! »

Lexique

défaillant (adj.) :
qui ne fonctionne pas
plomberie (n.f.) :
les conduites d'eau,
les canalisations
fierté (n.f.) :
l'orgueil, l'autosatisfaction
mûrir (v.) :
préparer, méditer, réfléchir
scier (v.) :
couper (du bois, de l'acier)
outil (n.m.) :
un instrument de travail
personnifier (v.) :
représenter, symboliser
éthique (n.f.) :
philosophie, morale

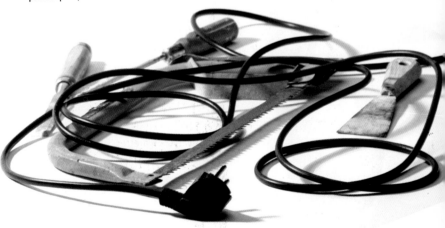

CAROTTE

Ce losange rouge est l'une des enseignes les plus familières des villes de France. La « carotte » annonce un « bureau » de tabac, qui est en fait souvent un café et, parfois, un marchand de journaux. Pourquoi une carotte ? Tout simplement parce qu'un morceau de carotte placé dans un paquet de tabac aide à conserver sa fraîcheur.

Le jour comme la nuit, cette enseigne est associée à un sentiment de délivrance pour les fumeurs en manque de cigarettes, qui pourront enfin acheter leur prochain paquet. Le commerce des cigarettes est sévèrement réglementé en France, il n'existe pas de distributeurs automatiques et vendre du tabac nécessite une autorisation officielle.

Les bureaux de tabac ne vendent pas que des cigarettes. On y trouve aussi des bonbons, des timbres-poste, des cartes postales, des journaux et des magazines. Tout en buvant un café, on peut également tenter sa chance en jouant au Loto, ou parier sur des chevaux au Tiercé.

Avec les lois qui interdisent de fumer dans tous les endroits publics, avec la prohibition systématique de la publicité pour les cigarettes et les multiples campagnes de sensibilisation aux dangers du tabac, cette fameuse icône pourrait un jour disparaître des rues de France.

Lexique

enseigne (n.f.) :
un signe ou un panneau
devant un magasin,
une boutique
conserver (v.) :
maintenir, garder
délivrance (n.f.) :
une libération
en manque de (loc.adv.) :
avoir besoin de quelque
chose
tenter (v.) :
essayer
parier (v.) :
placer de l'argent dans un jeu

Autour du texte

Lire

1. Qu'est-ce que représente la « carotte » ?
2. Quelle est l'origine de cette enseigne ?
3. Qu'est-ce qu'un fumeur ressent quand il n'a
plus de cigarettes ?
4. Pourquoi ne trouve-t-on des cigarettes
que dans des bureaux de tabac ?
5. À part des cigarettes, que peut-on acheter
dans un bureau de tabac ?
6. Peut-on fumer partout en France ?

Parler

■ Décrivez les législations concernant la vente
et la consommation de tabac dans le monde.
■ Selon vous, faut-il totalement interdire
la vente du tabac ?

Rechercher

■ Les types de dangers auxquels les fumeurs
s'exposent.
■ Le sens des expressions : « Les carottes sont
cuites » et « La carotte et le bâton ».

CHIENS ET CHATS

En France, on aime les animaux de compagnie, on en compte pratiquement un pour chaque habitant, soit 60 millions. Ce sont les chats et les chiens qui sont les plus nombreux, avec respectivement 10 et 9 millions de félins et de canins. Une famille sur deux en France possède un chat ou un chien.

Ce qui motive les propriétaires ? Échapper à la solitude, pouvoir s'occuper d'un être aimé. Célibataire, en couple sans enfant ou en famille, il est difficile de résister au charme de ces animaux attachants et fidèles, qui ne parlent pas mais dont le regard et les gestes expriment souvent autant que des mots.

Cette prolifération d'animaux domestiques a favorisé l'émergence d'un commerce en pleine expansion. Il s'agit bien sûr de la nourriture (environ 70% du budget d'un propriétaire), mais aussi de toutes sortes de services : santé, toilettage, assurance, accessoires, habillement, produits de soins, hôtels et maisons de santé.

Les animaux domestiques sont traités comme des humains : on crée pour eux des lignes de parfums, des dentifrices, des colorants pour le museau, des déodorants... Les chiens et les chats ont depuis longtemps leurs cimetières, mais ils ont aussi maintenant leurs agences matrimoniales et certains vétérinaires se spécialisent en psychologie animale pour aider les propriétaires à mieux comprendre leurs compagnons.

Autour du texte

Lire

1. Combien y a-t-il d'animaux domestiques en France ?
2. Quelle est la proportion de foyers qui ont un chat ou un chien ?
3. Pourquoi possède-t-on un animal domestique ?
4. Quels produits et services sont disponibles pour les animaux domestiques ?
5. Quelles sortes de médecins pour animaux existent également ?

Parler

■ Citez différents types d'animaux domestiques.
■ Décrivez les avantages et les inconvénients de posséder un animal domestique.
■ Débattez les propositions suivantes :
- Les chats sont indépendants et très discrets.
- Les chiens sont fidèles et intelligents.

Rechercher

■ L'organisation en France qui s'occupe des animaux abandonnés.
■ Le sens des expressions : « Il fait un temps de chien » et « Appeler un chat un chat ».
■ Des expressions de la langue ou des proverbes basés sur des animaux.

Lexique

félin (adj.) :
qui se rapporte aux chats
canin (adj.) :
qui se rapporte aux chiens
fidèle (adj.) :
qui ne change pas, dont l'amitié est constante
nourriture (n.f.) :
l'alimentation
museau (n.m.) :
le nez (animaux)
matrimonial (adj.) :
qui a rapport au mariage

CONCIERGE

Derrière le rideau de la porte de sa loge du rez-de-chaussée, elle surveille les entrées et les sorties des locataires. Elle distribue le courrier, qu'elle place sous les portes, elle nettoie les couloirs et les escaliers et elle sait tout ce qui se passe dans l'immeuble.

Elle rend des petits services, garde les enfants au retour de l'école, arrose les plantes pendant les vacances. On lui emprunte du sel si on n'en a plus. Elle reçoit des étrennes au jour de l'an ou des chocolats à Noël ; on s'assure de maintenir de bonnes relations avec elle.

Le métier de concierge disparaît peu à peu, son rôle devient inutile avec les fermetures à code électronique aux entrées des immeubles et les entreprises de service à domicile. La concierge reste cependant un personnage important de la vie quotidienne en France, elle apparaît souvent dans les romans, dans les films, comme dans Le *Fabuleux destin d'Amélie Poulain*.

Lexique

loge (n.f.) :
un appartement
locataire (n.m.) :
qui habite un immeuble,
un appartement
courrier (n.m.) :
les lettres
arroser (v.) :
verser de l'eau aux plantes
emprunter (v.) :
prendre quelque chose
à quelqu'un
étrennes (n.f.) :
une petite somme d'argent

Autour du texte

Lire

1. Quel est le rôle de la concierge ?
2. Pourquoi est-elle au courant de tout dans l'immeuble ?
3. Que peut-on lui demander ?
4. Qu'est-ce qu'on lui donne à la fin de l'année ?
5. Pour quelles raisons y a-t-il moins de concierges aujourd'hui ?

Parler

- À votre avis, le métier de concierge est-il utile ? Pour quelles raisons ?
- Décrivez différents moyens d'assurer la surveillance, la sécurité des immeubles.
- Connaissez-vous des métiers qui vont disparaître ?

Rechercher

- L'origine du mot « concierge », le rôle du concierge dans les hôtels.
- Le sens de l'expression : « Bavarde comme une concierge ».
- Des informations sur la « conciergerie d'entreprise ».

GALANTERIE

Il existe un monde où la femme est souveraine, où les hommes lui font hommage, la servent et la protègent ; dans ce monde, les portes s'ouvrent devant elle, on l'aide à passer son manteau, on s'occupe de ses bagages, on ne lui laisse pas voir l'addition au restaurant, on la raccompagne chez elle après dîner. Ce monde, où la femme est au centre, où ses désirs sont des ordres, c'est celui de la galanterie.

C'est au Moyen-Âge qu'un nouveau rapport s'est établi entre hommes et femmes, reproduisant entre les sexes les relations d'usage entre vassal et suzerain. À la cour d'Aliénor d'Aquitaine, les troubadours chantaient l'amour courtois, l'art d'aimer et de respecter sa dame, la promesse d'allégeance et de fidélité à celle-ci. Au 17e siècle, dans les salons tenus par de précieuses aristocrates, la galanterie exprimait la distinction de « l'honnête homme », le plus haut degré de sociabilité, l'état idéal de la civilité.

Aujourd'hui, à une époque qui valorise l'indifférenciation des sexes, la galanterie peut apparaître désuète ou ridicule, peut-être même insultante. Certains voient en effet dans ce rituel une forme de sexisme. D'autres, au contraire, considèrent ce code social comme une conversation subtile entre les sexes, demandant aux hommes réserve et douceur, ainsi que respect envers les femmes. La galanterie ferait ainsi reculer la brutalité, elle serait le signe d'une société qui se raffine.

Lire

1. Quelles sont les obligations masculines dans la galanterie ?
2. Citez des exemples d'attitudes, de gestes galants.
3. À quelle époque est apparu le code de courtoisie ?
4. Dans la galanterie, qui occupe une position de vassal ?
5. Que célébraient les troubadours dans leur poésie ?
6. Comment était considérée la galanterie au 17ᵉ siècle ?
7. Quelles critiques adresse-t-on à la galanterie à notre époque ?
8. Comment la galanterie bénéficie-t-elle aux femmes ?

Lexique

faire hommage (loc.v.) : honorer, célébrer, traiter avec déférence
passer (un vêtement) (v.) : mettre, porter
vassal (n.m.) : personne, sujet d'un roi
suzerain (n.m.) : un maître, un seigneur, un souverain
allégeance (n.f.) : la sujétion, la subordination, la soumission
civilité (n.f.) : la politesse, la bienséance, la sociabilité
désuet (adj.) : démodé, passé, obsolète
reculer (v.) : régresser, refluer, décroître

Parler

■ Selon vous, la galanterie est-elle universelle, peut-on trouver une forme de galanterie dans la plupart des cultures ?
■ Débattez les propositions suivantes :
- La galanterie est en contradiction avec le principe de l'égalité entre les sexes.
- La galanterie est le reflet d'une société cultivée.
- La galanterie est une stratégie pour tromper les femmes.

Rechercher

■ Des exemples d'attitudes, de gestes galants envers les femmes.
■ Le sens du mot « mufle », appliqué parfois aux hommes.
■ Des troubadours au 12ᵉ siècle, des poèmes d'amour courtois.

PÉTANQUE

La pétanque est probablement le jeu de loisir le plus populaire en France. Elle se pratique à tout âge, dans toutes les régions, sur tous les terrains, par tous les temps. On y joue en famille, entre amis et, bien sûr, entre professionnels, car c'est aussi un sport de compétition qui nécessite beaucoup d'adresse et d'entraînement.

On joue à la pétanque avec des boules d'acier et un but, plus souvent appelé « cochonnet », « bouchon » ou « petit ». L'objectif est simple : les joueurs ou les équipes doivent placer les boules le plus près possible du but.

On peut y jouer à deux (trois boules chacun), c'est le tête-à-tête ; la doublette se joue à quatre joueurs (deux équipes, trois boules par joueur) ; enfin, la triplette se joue à six joueurs (trois contre trois, deux boules chacun). Selon le règlement, il ne peut pas y avoir plus de douze boules sur le terrain.

En général, il existe deux types de joueurs dans les équipes : le pointeur, celui qui place les boules près du but, et le tireur, celui qui déplace les boules de l'adversaire. La première équipe qui atteint un score de 13 points gagne la partie, mais la victoire finale se joue en général en trois manches.

Autour du texte

Lire

1. Quel est le principe du jeu de la pétanque ?
2. Dans une doublette, chaque joueur a combien de boules ?
3. Dans une triplette, il y a combien de joueurs dans chaque équipe ?
4. Dans une triplette, il y a combien de boules sur le terrain ?
5. Quels sont les deux styles de jeu pour les joueurs ?
6. Combien faut-il de points pour gagner une partie ?

Parler

■ Présentez des jeux dans lesquels on utilise des boules, des balles ou des ballons, ou encore des billes.
■ Décrivez des sports ou des jeux de loisirs, qu'on joue entre amis, en famille.

Rechercher

■ Les différents jeux de boules selon les régions en France.
■ Des expressions spécialisées de la pétanque (exemple : « faire un biberon »).
■ Le sens de l'expression : « Perdre la boule ».

Lexique

adresse (n.f.) : l'habileté, la dextérité, le talent
acier (n.m.) : du métal
équipe (n.f.) : un groupe de personnes jouant en coopération
manche (n.f.) : une partie

RENTRÉE

En France, il y a l'année civile qui commence le 1er janvier dans les embrassades et l'année scolaire qui débute en septembre et finit en juin, ajustée sur le calendrier des enfants. La « rentrée des classes » signifie ainsi la fin des « grandes vacances » de juillet et août. La rentrée coïncide avec les premiers jours de l'automne. L'air fraîchit, les feuilles des arbres tombent dans les cours d'écoles. Une appréhension s'installe parmi les écoliers : la nouvelle classe, la nouvelle enseignante, les livres neufs, les nouveaux camarades, tout est inconnu. Après les longs jours de l'été, on reprend un rythme prévisible, beaucoup moins ludique.

Ce recommencement est général, il est porté par l'ambiance, les médias : les « bonnes affaires » de la rentrée dans les magasins ; la rentrée politique de l'Assemblée, le discours de rentrée du président ; les « livres » de la rentrée, les prix littéraires de la rentrée, les nouveaux films et les nouveaux spectacles ; les « chiffres » de la rentrée (chômage, inflation, commerce extérieur) ; les « affaires » de la rentrée, rapportées par les journaux. Alors que la saison froide approche, cette soudaine fébrilité vient dissiper la nostalgie des jours aisés, la parenthèse estivale où le temps s'est arrêté.

Lexique

appréhension (n.f.) :
l'angoisse, la peur
inconnu (adj.) :
qu'on ne connaît pas
prévisible (adj.) :
qu'on peut prévoir,
sans surprise
ludique (adj.) :
qui se rapporte au jeu,
au plaisir
chiffre (n.m.) :
le nombre, les statistiques
fébrilité (n.f.) :
une agitation

Autour du texte

Lire

1. Quelle est la différence entre année civile et année scolaire ?
2. La rentrée, c'est quand ?
3. Pour les enfants, à quoi est associée la rentrée ?
4. Quels évènements ont lieu autour de la rentrée ?
5. Quel mot qualifie le mieux la rentrée ?
6. Avec quoi la rentrée contraste-t-elle ?

Parler

- Décrivez les calendriers scolaire et civil dans différentes parties du monde.
- Présentez un souvenir d'enfance lié à la rentrée scolaire.
- Commentez cette remarque de Victor Hugo : « Les maîtres d'école sont les jardiniers des intelligences humaines » (*Faits et croyances*, 1840).

Rechercher

- Les différentes périodes du calendrier académique en France.
- Les articles pour les écoliers vendus dans les magasins à la rentrée.

SALUTATIONS

Les longues formules de politesse exigées par la correspondance administrative sont connues : « Dans l'attente de recevoir de vos nouvelles, je vous prie d'accepter, Monsieur le Directeur, l'assurance de mes meilleures salutations ». Ce paragraphe conventionnel et formel, placé juste avant la signature, n'est jamais vraiment lu, il ne contient aucune information, mais il doit être correctement rédigé.

La rencontre autorise plus de chaleur : on se serre la main à toute occasion, qu'on se rencontre ou se quitte ; on se fait une, deux, trois ou quatre bises, on n'est jamais tout à fait sûr du nombre exact ; on se fait parfois l'accolade, surtout entre hommes ; on se saisit quelquefois par les deux mains, surtout entre femmes ; on embrasse sur le front ou on pose doucement la main sur la tête des enfants. La rencontre entre personnes est marquée par le rapprochement, le toucher.

La parole apporte une autre dimension aux salutations : bonjour ou bonsoir, au revoir ou salut, à tout à l'heure ou à bientôt, et plus rarement adieu ; les options sont variées et les situations sont en général claires. Cela se complique lorsqu'on hésite entre madame ou mademoiselle ou entre vous et tu.

Quant au courrier électronique, communément appelé « mail » ou « courriel », que l'on a situé en France quelque part entre l'appel téléphonique et la lettre postale, il commence souvent par un informel « bonjour » et finit par un laconique « cordialement ».

Autour du texte

Lire

1. Quels sont les types de salutations dont parle ce texte ?
2. Quelle est l'importance des formules de politesse dans la correspondance ?
3. Quelles sont les différentes manières de saluer dans un contact direct ?
4. Qu'est-ce qui caractérise le contact direct entre deux personnes ?
5. Dans quelles circonstances peut-on être incertain sur ce qui est approprié ?
6. De quelle manière on débute et conclut un mail en France ?

Parler

- Citez les facteurs, les circonstances qui déterminent la manière dont on salue.
- Présentez différentes manières de saluer dans le monde.
- Commentez ces propositions :
- Être poli, c'est montrer son respect envers les autres.
- Plus on est poli, plus on est distant.

Rechercher

- Des formules de politesse dans la correspondance.
- Les circonstances d'utilisation de vous et de tu.
- Le sens de ces expressions populaires :
« Tirer sa révérence »
et « Filer à l'anglaise ».

Lexique

rédiger (v.) :
écrire
faire l'accolade (loc.v.) :
saluer en plaçant les bras autour du cou
quant à (loc.prép.) :
en ce qui concerne
laconique (adj.) :
bref, court, sobre

171

TIERCÉ ET LOTO

L e rêve de tout le monde est de devenir riche d'un seul coup et sans effort. Ce rêve est parfaitement réalisable, il suffit simplement d'avoir de la chance au jeu.

Le Tiercé demande un certain professionnalisme, il s'agit de parier sur les trois premiers chevaux gagnants à l'arrivée d'une course. On peut gagner sur une arrivée dans l'ordre ou dans le désordre, la première combinaison produisant bien sûr un gain plus important. Naturellement, les trois chevaux gagnants rapportent moins s'ils sont tous des favoris. La science du parieur consiste donc à savoir placer un outsider ou deux dans le trio gagnant. On enregistre ses paris dans un bureau de PMU (Pari Mutuel Urbain) ou en ligne.

Le Loto ne nécessite pas d'étude particulière, sauf si on se passionne pour les statistiques. Les sept chiffres qui apparaissent sur l'écran de télévision au moment des trois tirages hebdomadaires sont le résultat du pur hasard ; mais si ces chiffres correspondent à ceux qu'on a inscrits sur son ticket, ils tombent du ciel comme des présents divins. Le futur proche du gagnant se conjugue alors avec des cocotiers, une plage de sable blanc et l'océan.

Lexique

d'un seul coup (loc.adv.) :
immédiatement,
tout de suite
parier (v.) :
engager de l'argent
dans un jeu
rapporter (v.) :
produire du gain,
du bénéfice
sauf (prép.) : excepté,
à part
hasard (n.m.) :
ce qu'on ne peut pas
prévoir, sort, destin
divin (adj.) :
qui a rapport avec
la divinité, avec Dieu
cocotier (n.m.) :
un arbre qui produit
des noix de coco

Autour du texte

Lire

1. Sur quoi parie-t-on au Tiercé ?
2. Comment gagne-t-on plus d'argent au Tiercé ?
3. Combien de fois peut-on parier au Loto chaque semaine ?
4. Comment gagne-t-on au Loto ?
5. Qu'est-ce qui symbolise le premier prix du Loto ?

Parler

■ Décrivez les raisons pour lesquelles on joue à des jeux de hasard ; citez des risques possibles liés à ce type de jeux.
■ Commentez ces slogans du PMU : « Jouez avec vos émotions » ; « Gagnez en émotion ».
■ Présentez des jeux basés sur des paris, des mises d'argent.

Rechercher

■ Le lieu où se passent les courses du Tiercé, quelques types de paris.
■ Les différentes formes de paris au Loto, les probabilités de gagner.
■ Le sens de l'expression : « Tirer le bon numéro ».

TOUR DE FRANCE

C'est en 1903 qu'un magazine a eu l'idée d'organiser une compétition consistant à faire le tour de France à bicyclette. Depuis cette
date, l'une des épreuves sportives les plus spectaculaires du
monde a lieu chaque année au mois de juillet, plusieurs centaines de
coureurs de tous les pays y participant.

L'objectif du Tour de France est de parcourir en vingt étapes une
distance d'environ 3000 km. L'épreuve dure trois semaines, elle
ne comprend que deux ou trois jours de repos. L'itinéraire
change chaque année, mais il réserve toujours aux concurrents
d'interminables plaines et surtout des cols de montagne difficiles à
passer. Le coureur en tête du classement porte un maillot jaune
et l'arrivée finale se déroule sur la prestigieuse avenue des
Champs-Élysées à Paris.

Cette course exige des concurrents une endurance hors du commun
et des millions de spectateurs viennent les encourager tout au
long du parcours. Comme un dragon bariolé qui s'étire sur
les routes, la caravane du Tour réveille chaque été les
villes et les campagnes de France.

Lexique

épreuve (n.f.) :
une compétition
parcourir (v.) :
couvrir la distance,
accomplir un trajet
étape (n.f.) :
une halte, un arrêt
sur le parcours
repos (n.m.) :
une pause
col de montagne (n.m.) :
un sommet, un pic
se dérouler (v.) :
avoir lieu
endurance (n.f.) :
la résistance, le courage
bariolé (adj.) :
coloré, multicolore
s'étirer (v.) :
s'allonger, se déployer

Autour du texte

Lire

1. Le Tour de France promeut quelle sorte de sport ?
2. À quel moment de l'année se passe le Tour et sur quelle durée ?
3. Quelle distance les concurrents doivent-ils couvrir ?
4. Quelle est la partie de la course la plus difficile ?
5. Comment distingue-t-on le coureur qui mène la course ?
6. Où finit la course ?
7. Pourquoi peut-on comparer le Tour sur les routes à un long dragon ?

Parler

■ Décrivez les qualités physiques et morales nécessaires pour participer à ce type de compétition.
■ Présentez les avantages de la bicyclette, ses inconvénients.
■ Citez de grandes compétitions sportives dans le monde.

Rechercher

■ Le parcours du dernier Tour de France ; le vainqueur de la dernière édition ; des coureurs qui ont gagné la course plusieurs fois.
■ Le sens de l'expression : « Perdre les pédales ».
■ Le sens des expressions : « Aller faire un tour » et « Jouer un tour à quelqu'un ».

VACANCES

En France, les vacances sont une affaire d'État. D'abord parce que c'est le gouvernement qui détermine la législation officielle du travail et des congés, et ensuite parce que les vacances constituent un droit inaliénable des employés. Le cliché qui affirme que les Français n'aiment pas travailler doit donc être corrigé : ce que les Français n'apprécient pas, c'est qu'on les empêche de partir en vacances.

L'un des grands moments de l'histoire de la lutte des travailleurs a été d'imposer aux employeurs de concéder deux semaines de congés payés par an à leurs salariés. Cela s'est passé en 1936, sous le Front Populaire, par une législation du gouvernement socialiste dirigé par Léon Blum. Aujourd'hui, les salariés en France ont droit à cinq semaines de congés payés annuels, la durée la plus élevée du monde.

Il existe de nombreux qualifiants pour les vacances : les vacances de Pâques, de Noël, les petites vacances, les grandes vacances, les vacances d'hiver, de printemps, d'été, les vacances scolaires... La vie du travail est rythmée par des pauses régulières. Mais ces vacances signifient beaucoup plus qu'un simple arrêt de la routine, car c'est surtout le voyage, le départ qui comptent. Ainsi, la question « vous prenez des vacances ? » est devenue synonyme de : « Où partez-vous ? »

Autour du texte

Lire

1. Pourquoi les vacances sont une « affaire d'État » en France ?
2. Quel stéréotype existe concernant la relation au travail des Français et comment doit-on le corriger ?
3. Depuis quand les employés bénéficient de jours de vacances tout en continuant à recevoir leur salaire ?
4. Un salarié bénéficie de combien de jours de vacances par an ?
5. Pour les Français, qu'est-ce qui est associé aux vacances ?

Parler

■ Présentez des législations relatives aux congés dans le monde.
■ Débattez ces propositions :
- Rester à la maison, ce n'est pas vraiment des vacances.
- Les voyages sont une véritable occasion de sortir de la routine.
- On ne se repose pas vraiment en voyage.
■ Décrivez vos vacances idéales.

Rechercher

■ Les périodes, les lieux, les activités des Français en vacances.
■ Des statistiques sur le nombre de Français qui partent en vacances.
■ Le sens de l'expression « des bouchons sur les routes ».

Lexique

congés (n.m.pl.) :
les jours de vacances
droit (n.m.) :
un privilège légal
inaliénable (adj.) :
qu'on ne peut pas enlever, supprimer, retirer
donc (conj.) :
ainsi, en conséquence
empêcher (v.) :
ne pas permettre, ne pas autoriser
lutte (n.f.) :
une bataille, un combat

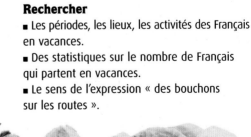

POUR FAIRE LE POINT

De quelles icônes s'agit-il ?

1. Ces deux objets vont très bien ensemble pour composer une image stéréotypée du Français.

2. Si les femmes sont traitées comme des souveraines, elles le doivent à cette tradition.

3. Placez-vous le plus près possible du « petit » et vous avez gagné !

4. Tirez les bons numéros et vous aurez le plaisir de dire au revoir à votre patron.

5. Si vous voulez faire des économies, faites-le vous-même.

6. C'est le moment de l'année où tout recommence et tout a l'air nouveau.

7. Avec la fermeture automatique des portes des immeubles, on en voit de moins en moins aujourd'hui.

8. Celui qui est en tête porte un maillot jaune.

9. Il y en a 60 millions en France, autant que de Françaises et de Français.

Les réponses sont page 189.

ANNEXES

CARTE DE FRANCE

Pour retrouver quelques icônes en France

CARTOGRAPHIE DES ICÔNES

Cartographie des icônes culturelles
affiliation et contiguïté

Macarons · Café et croissant · Laguiole · Baguette et béret · Vache qui rit · Fromages · Beaujolais · Perrier · Vins et eaux · Champagne · Apéritif

Cocotte-Minute · Soupe à l'oignon · Chefs · Truffes · Frites · Berthe · Vuitton · Impressionnistes · Accordéon

Tintin · Escargots · Tour Eiffel · Sempé · Piaf · Coco Chanel · Starck

Salutations · Galanterie · Châteaux de la Loire · Jeanne d'Arc · Napoléon · Marianne · Yves St Laurent · Brigitte Bardot · S. de Beauvoir · Derrida

République

Prix Goncourt · Dictée · Grandes Écoles · Académie française · Marseillaise · Coq · Légion d'honneur · Abbé Pierre · C. Deneuve · Festival de Cannes · Belmondo et Delon

Le Monde · Les Bleus · Astérix · Victor Hugo · Gainsbourg · Clocher · de Gaulle · Pôle Emploi · Coluche · Amélie Poulain · Concierge · Chiens et chats

Canard enchaîné · le Petit Prince · Boris Vian · Yannick Noah · Mai 68 · La Sorbonne · Vacances · Métro, boulot, dodo · Sécurité sociale · Bricolage

Guignols · 2CV · Michelin · TGV · Tour de France · Rentrée · Pétanque · Tiercé et Loto · Carotte

Légende :
Alimentation Gastronomie · célébrités · Histoire, institutions · Travail, Industrie, Education · Art, littérature, culture · Vie quotidienne, loisirs

DC Meyer, 2009

181

PLAN DE PARIS

Pour retrouver quelques icônes à Paris

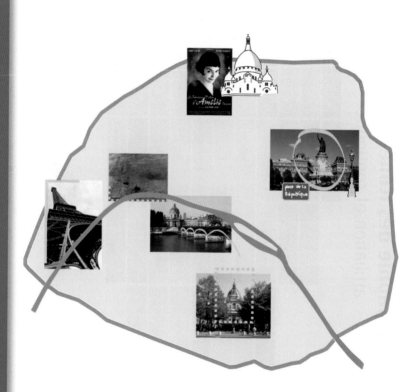

CORRIGÉS

ALIMENTATION, GASTRONOMIE

Apéritif
1. Avant les repas.
2. Pour « ouvrir » l'appétit.
3. Au café, à la maison ; avec des amis, en famille.
4. Non, des jus de fruits aussi.
5. Des petits biscuits, des cacahuètes.
6. Conviviale et gaie, parfois animée.

Beaujolais nouveau
1. Au mois de novembre, le 3e jeudi.
2. La fête a lieu partout dans le monde.
3. Avec des affiches, des panneaux.
4. Léger, tendre et fruité.
5. Joyeuse, fraternelle.
6. Thanksgiving.
7. Au Japon.

Café et croissant
1. La maison, le café.
2. À la boulangerie.
3. Chaud, croustillant et onctueux.
4. Noir, expresso, court ou allongé, double, « noisette », « crème ».
5. Non, probablement viennoise.
6. L'Italie.

Champagne
1. Dans la région de Reims.
2. Il est pétillant.
3. Les fêtes, les évènements heureux.
4. 300 millions de bouteilles.
5. Il coûte cher.
6. Cela peut être dangereux.
7. Une flûte.
8. Santé ! Pour souhaiter une bonne santé.

Chefs
1. Marie-Antoine Carême.
2. Son « guide » a influencé les chefs modernes.
3. Une toque blanche.
4. F. Point, les frères Troisgros, R. Oliver, A. Chapel, P. Bocuse.
5. Ils s'exportent beaucoup.
6. Il porte un chapeau noir et il reste dans sa région.
7. Le Guide Michelin et le Gault Millau.
8. Les 3 étoiles.

Escargots et grenouilles
1. Raffinée et excentrique.
2. On mange les cuisses ; il faut éviter les os.
3. Sel, oignons et panure.
4. De Bourgogne.
5. Frits en persillade.

6. C'est bizarre et très cher.
7. Gastéropodes et batraciens.

Frites
1. C'est un débat, il n'y a pas de réponse définitive.
2. À des allumettes (des bâtonnets).
3. Des pommes de terre frites à l'huile.
4. De la viande, des fruits de mer, de la salade.
5. Les enfants mais aussi les adultes.
6. « Être en forme ».

Fromages
1. Environ 400.
2. Pain, olives, salades.
3. Le label AOC.
4. Vache, chèvre, brebis.
5. Avant le dessert.
6. Du plus doux au plus fort.

Macarons
1. Une pâtisserie.
2. Tendre, croquant, fondant, parfumé.
3. Des œufs, des amandes et du sucre.
4. Cela dépend des régions.
5. Il est coloré et il a deux coques.
6. La ganache.
7. Pistache, chocolat, café, vanille, framboise, noix de coco, menthe, citron, thé vert, etc.
8. Le 20 mars.

Perrier
1. Dans le Gard.
2. 1903.
3. Un Britannique, Sir John Harmsworth.
4. Parce qu'elle est pétillante, effervescente.
5. À une quille.
6. Tout le monde ; ceux qui ont soif.
7. Environ 1 milliard.
8. Une image dynamique, humoristique.

Soupe à l'oignon
1. Tard dans la soirée.
2. Les « Forts de Halles ».
3. Pour se « requinquer », retrouver des forces.
4. En salade, en cuisson.
5. Il a beaucoup d'énergie, il est purifiant.
6. Bouillante, avec du fromage fondu et du pain.
7. En hiver.

Truffes
1. Un champignon.
2. Mêlées aux racines de certains arbres.
3. À la fin de l'automne ; avec un chien, un cochon, des mouches.
4. En Provence, dans le Périgord, en Italie, en Espagne, en Chine.
5. La truffe noire du Périgord.
6. 50 g.
7. 50 à 100 euros.
8. Avec une omelette, par exemple.

Vache qui rit
1. 1921.
2. Du fromage fondant en portion.
3. Une vache qui rit.
4. On fabrique ce produit avec le lait de la vache.
5. On en tartine sur du pain.
6. La vache rit ; ses boucles d'oreilles qui répètent indéfiniment la même scène.
7. Aux enfants principalement.

Vins et eaux
1. Dans la partie sud et l'est de la France.
2. Du Bordelais et de Bourgogne.
3. En septembre.
4. Le bordeaux.
5. Le beaujolais.
6. Les viandes avec le rouge ; les poissons avec le blanc.
7. La consommation décroît depuis 30 ans.
8. L'eau minérale.

CÉLÉBRITÉS

Abbé Pierre
1. Un prêtre ; Henri-Antoine Groués.
2. Son nom vient de la Résistance.
3. Aider les pauvres, les sans-logis.
4. La communauté d'Emmaüs ; financer la construction d'abris.
5. Non, elle est présente dans 30 pays.
6. Par son appel à la radio, l'hiver 1954.
7. La Légion d'honneur.
8. Janvier 2007.

Brigitte Bardot
1. Dans les années 1950.
2. Optimisme, insouciance.
3. BB.
4. Et Dieu créa la femme.
5. Sa beauté, son caractère libre, enfantin, audacieux.
6. Brigitte Bardot a servi de modèle pour Marianne.
7. La chanson.
8. Elle milite pour le respect des animaux.
9. La Légion d'honneur.

Belmondo et Delon
1. Bourvil et de Funès ; Delon et Belmondo.
2. Marseille.
3. Les années 1920.
4. Des gangsters.
5. Leur complémentarité.
6. Belmondo est chaleureux, spontané, franc, séducteur et beau parleur ; Delon est froid, mesuré, mystérieux, de peu de mots et beau garçon...
7. Ils sont d'excellents acteurs.
8. Des modèles de masculinité.

Les Bleus
1. L'équipe sportive nationale.
2. L'équipe de football.
3. 1998-2000.
4. Des joueurs d'origines différentes.
5. La France a perdu contre l'Italie.
6. Une France unie.

Coco Chanel
1. Créatrice de modèles haute-couture.
2. Gabrielle Bonheur Chasnel.
3. Dans les années 1920.
4. Confort, simplicité et élégance.
5. Les vêtements sont plus faciles à porter, ils se rapprochent du style pour les hommes.
6. Les vêtements masculins.
7. 1971. 87 ans.
8. Audrey Tautou ; *Coco avant Chanel.*

Coluche
1. Un humoriste. D'un milieu ouvrier.
2. Ironique, sarcastique, trivial.
3. Les billets d'entrée étaient tirés à la loterie.
4. Les politiciens, les journalistes, qui sont associés.
5. Pour ridiculiser les élections.
6. Avec un film tragique.
7. Restos du Cœur ; aider les pauvres.
8. Il est un ancien pauvre.
9. Un accident de moto. À 42 ans.

Catherine Deneuve
1. Elle a tourné plus de 100 films.
2. *Les parapluies de Cherbourg.*
3. Son mystère.
4. Froide. Mais brûlante à l'intérieur.
5. Une mauvaise chose, une femme âgée.
6. Deux Césars, prix de la meilleure actrice européenne.
7. Elle a servi de modèle pour Marianne.
8. Le vieillissement.

Serge Gainsbourg
1. Chanteur, compositeur, musicien, novateur et provocateur.
2. Le « beau Serge », par ironie.
3. *Le poinçonneur de Lilas.*
4. Non, pour des chanteuses aussi (Gréco, Gall, etc.)
5. *Poupée de cire, poupée de son.*
6. *Je t'aime moi non plus.*
7. *Aux armes et caetera.*
8. Il a brûlé un billet de 500 francs à la télévision.
9. D'épuisement, d'excès de tabac et d'alcool.

Yannick Noah
1. Le tennis.
2. Son père est Camerounais ; il vit à New York ; son épouse est Suédoise...
3. Roland Garros, en 1983.
4. Grand, acrobatique, fantasque, look à la Bob Marley.
5. Au début des années 1990.
6. Il chante.
7. Il défend des grandes causes, il participe à des opérations caritatives.

Édith Piaf
1. Une chanteuse. Petite et fragile.
2. Le père acrobate, la mère chanteuse de rue.
3. Elle chantait dans des cabarets.
4. L'amour.
5. À l'occasion de la mort de Marcel Cerdan, son compagnon.
6. Pour célébrer fin de la guerre.
7. Elle était émouvante, vraie.
8. Très malade et faible.
9. Marion Cotillard ; *La môme.*

Yves Saint Laurent

1. Couturier, la Haute-Couture.
2. Christian Dior, Coco Chanel.
3. Il crée sa première Maison à 26 ans.
4. L'inspiration du vêtement masculin,
   des peintres, l'exotisme.
5. Il a ouvert des portes, des nouvelles voies.
6. Son amie et un modèle pour ses créations.
7. Son héritage durera, il laisse un vide.
8. Il a reçu la Légion d'honneur.
9. Dans le jardin de sa maison à Marrakech.

Philippe Starck

1. Designer.
2. Ses créations s'occupent de tout.
3. L'appartement du président, des night-clubs.
4. Avec du papier et un crayon.
5. Un presse-citron.
6. Ses créations sont exposées partout.
7. Il doit être bon marché et utile.
8. La « bonté », c'est plus stable.
9. Dans des petites choses,
   des « micro-informations ».

HISTOIRE, INSTITUTIONS

Académie française

1. 1635, 17e siècle.
2. À l'Institut de France.
3. Veiller à l'intégrité de la langue française.
4. 40.
5. Ils sont élus à vie.
6. Les « Immortels ».
7. Produire un dictionnaire.
8. Par un discours qui fait l'éloge de leur
   prédécesseur.
9. Non, la première a été élue en 1980.

Astérix et Obélix

1. De bandes dessinées.
2. Depuis 1960.
3. Au moment de la conquête romaine.
4. Les Gaulois.
5. Grâce à une potion magique et leurs
   qualités morales.
6. Ils partagent les mêmes traits psychologiques.
7. 300 millions d'exemplaire vendus
   dans le monde.

Châteaux de la Loire

1. Le petit roi de Bourges.
2. Dans le sud de la Loire, la région de Bourges.
3. Les Anglais et les Bourguignons.
4. Jeanne d'Arc.
5. On y parle un français « pur ».
6. La Renaissance.
7. Les familles royales, les nobles.
8. Cheverny et Ussé.

Clocher

1. L'élection de François Mitterrand.
2. Parti socialiste.
3. Il est le premier président socialiste.
4. La campagne française, un clocher.
5. Il rassurait les électeurs.
6. Il est au centre de la vie traditionnelle
   française.
7. Pour les minutes, les heures et les prières.

Coq

1. Les Gaulois.
2. *Gallus*, le coq.
3. IIIe République.
4. L'aube.
5. À indiquer la direction du vent.
6. Les maillots des sportifs par exemple.
7. « Cocorico ».
8. Il est combatif, courageux.
9. Il est fier, arrogant.

Charles de Gaulle

1. Un héros national.
2. Il a organisé la Résistance.
3. De 1958 à 1969.
4. Des pouvoirs plus importants pour le président.
5. Une France indépendante.
6. Le gaullisme.
7. Il a démissionné à la suite de sa défaite
   à un référendum.
8. Ils l'ont élu le plus grand homme
   de leur histoire en 2005.

Jeanne d'Arc

1. 15e siècle.
2. Pour ses victoires décisives contre l'occupant
   anglais.
3. La sincérité, la foi.
4. Elle a entendu des voix célestes.
5. 16 ans.
6. Charles VII.
7. Elle est emprisonnée puis brûlée vive.
8. Elle est revendiquée comme symbole
   par des mouvements nationalistes.

Légion d'honneur

1. Napoléon, 1802.
2. Aux hommes et aux femmes méritants.
3. Le président de la République.
4. La Grand'Croix.
5. Non, pas nécessairement.
6. Les militaires.
7. 125 000.
8. Non. 10 % environ.
9. Oui, parfois.

Mai 68

1. La jeunesse française désire
   un changement.
2. Le général de Gaulle.
3. Les étudiants, les employés, les ouvriers.
4. Des affrontements avec la police,
   des grèves.
5. Plus de liberté, plus de justice, d'humanité.
6. Avec de nouvelles élections du Parlement.
7. Les idées de 1968 inspirent des réformes.
8. Un « soixante-huitard ».

Marianne

1. Dans tous les bâtiments administratifs
   et publics.
2. C'est une femme de la Révolution de 1789.
3. La liberté, la République, l'époque
   révolutionnaire de 1789.
4. Un bonnet phrygien, qui symbolise
   les esclaves libres.
5. De Marie et de Anne.
6. Delacroix, durant les « Trois Glorieuses ».
7. Non. Il est inspiré par différents modèles
   de Françaises célèbres.

Marseillaise
1. La période révolutionnaire, 1789-1799.
2. Rouget de Lisle.
3. Les volontaires de Marseille l'ont chantée.
4. À partir de la IIIᵉ République.
5. Ses paroles, sa musique.
6. Les cérémonies officielles, sportives.

Napoléon
1. Ils renversent un roi, puis réinstallent un empereur.
2. En 1804.
3. De Corse.
4. Une fierté nationale.
5. Waterloo.
6. Dans les institutions, le droit, l'architecture, les arts.
7. Aux Invalides.
8. David.

République
1. Justice et démocratie.
2. À la Révolution, en 1792.
3. La Déclaration des droits de l'homme et du citoyen.
4. Elle est indivisible, laïque, démocratique et sociale.
5. L'État est démocratique.
6. Tous les citoyens ont les mêmes droits.
7. L'État est solidaire des citoyens.
8. L'État français est neutre.

INDUSTRIE, ÉDUCATION, TRAVAIL

2CV
1. Citroën.
2. 1948.
3. Elle n'est pas chère, elle est économique, elle roule sur tous les terrains.
4. Elle se comporte un peu comme un cheval.
5. Non, la fabrication a cessé au début des années 1990.
6. Il y a des clubs qui organisent des rallyes ; il y a un musée.

Cocotte-minute
1. Un autocuiseur.
2. Par SEB, en 1953.
3. 50 millions d'unités ont été vendues.
4. Elle peut cuire les aliments deux ou trois fois plus vite.
5. Par cuisson à haute pression.
6. Les gens pressés, occupés.
7. Lorsqu'on ressent de la tension, de la pression.
8. Parce qu'elle « tue » les vitamines, les nutriments.

Grandes écoles
1. Former les élites.
2. Du 18ᵉ siècle.
3. L'ENA ou l'« X ».
4. HEC.
5. L'ENS.
6. Centrale ou l'école des Mines.
7. Saint-Cyr.
8. Par concours après une école préparatoire.

Laguiole
1. De l'Aveyron.
2. À son abeille sur le manche.
3. Les bergers.
4. Couper le pain, ouvrir des bouteilles...
5. L'autorité paternelle.
6. Certains sont travaillés avec des matériaux précieux.
7. Il n'y a pas de « marque déposée ».

La Sorbonne
1. Le quartier intellectuel.
2. Au Moyen-Âge.
3. En latin.
4. Sorbon.
5. Richelieu.
6. Avec la concurrence des grandes écoles.
7. Sous la IIIᵉ République.
8. Ses anciens élèves, ses professeurs prestigieux.
9. Mai 68.

Métro, boulot, dodo
1. La routine quotidienne.
2. On se lève, on va travailler puis on rentre se coucher.
3. Le travail.
4. Les transports en commun.
5. Le sommeil.
6. En étant vigilant.
7. La liberté.

Michelin
1. Des pneus.
2. Clermont-Ferrand, Auvergne.
3. Le logo de la société Michelin, né en 1898.
4. Il est sur la porte des garages, des stations-service, sur les routes.
5. Joyeux et sympathique.
6. Bibendum est élu meilleur logo du siècle.
7. La route, le voyage, les vacances.

Pôle Emploi
1. Pour chercher du travail, s'inscrire au chômage.
2. Gérer les offres d'emploi, prospecter les employeurs.
3. 8-9 %.
4. L'automation, les femmes au travail, les problèmes économiques.
5. Les jeunes.
6. Non.

Sécurité sociale
1. Assurer la protection sociale, depuis 1945.
2. Par les contributions des salariés, des employeurs et du gouvernement.
3. Non, il est en déficit.
4. Oui, les chômeurs en bénéficient aussi.
5. La santé.
6. Environ 20 %.

TGV
1. 30 ans.
2. Sa vitesse.
3. 3 heures environ.
4. Exemple : habiter Lyon et travailler à Paris.

5. Il est facile de passer des week-ends loin de chez soi.
6. La montée des prix de l'immobilier.

Tour Eiffel
1. Pour l'exposition universelle de 1889.
2. La Grande Dame de fer ; plus de 300 mètres.
3. Non, certains la trouvaient laide.
4. Un exploit technologique.
5. Il faut la repeindre.
6. Elle a 7 millions de visiteurs par an.

Vuitton
1. La maroquinerie.
2. Les initiales du créateur.
3. Des articles de bagagerie.
4. Au luxe, la qualité, l'élégance.
5. De promouvoir l'art contemporain.
6. Les marchés asiatiques.

LANGUE, MÉDIAS, CULTURE

Amélie Poulain
1. Une jeune femme qui a des goûts particuliers.
2. Elle veut faire le bonheur de l'humanité.
3. J.-P. Jeunet.
4. L'image, la photographie, les couleurs.
5. Montmartre.
6. Film européen 2001 et quatre Césars en 2002.
7. Audrey Tautou.
8. Coco Chanel.

Roland Barthes
1. Les œuvres, les objets culturels.
2. Les mythes sont des significations, des symboles qui contribuent à former les discours dominants, les idées.
3. Parce qu'il véhicule les mythes.
4. C'est l'opinion commune, de la majorité, les préjugés.
5. Un langage qui ne véhicule pas de mythes.
6. Il lui assigne un rôle créatif, interactif.

Canard Enchaîné
1. Pendant la première guerre mondiale.
2. Pendant l'Occupation.
3. Humour et satire.
4. Par la classe politique sur qui le journal révèle des informations le plus souvent exactes.
5. Par un réseau d'informateurs bien placés.
6. Par ses lecteurs uniquement.

Simone de Beauvoir
1. Il y a autant de femmes que d'hommes mais elles sont « minoritaires ».
2. *Le Deuxième Sexe*.
3. Pour décrire la situation des femmes dans la société.
4. La législation, le travail, l'éducation...
5. La vieillesse, la maladie.

Jacques Derrida
1. Son œuvre touche à plusieurs domaines intellectuels.
2. La déconstruction.

3. Questionner la binarité des concepts.
4. Suivre la trace de subtiles différences, révéler la complexité des choses.
5. Son style obscur, difficile.
6. L'ellipse, le double sens.

Dictée
1. À vérifier la qualité de l'orthographe.
2. Les employeurs, les institutions d'enseignement introduisent des tests d'orthographe.
3. La complexité des règles, la tolérance, l'influence du visuel etc.
4. Pour simplifier les règles.
5. Éliminer les doubles consonnes, le « y », les « h » non prononcés.
6. Oui, de la part de ceux qui sont passionnés de dictée.
7. La langue doit évoluer, comme tout corps naturel.

Festival de Cannes
1. Sur la Côte d'Azur ; le Festival du film international.
2. 1946.
3. Les vedettes montent les « marches de la gloire ».
4. La Palme d'or.
5. Le Prix du meilleur acteur, de la meilleure actrice, etc.
6. Toutes les télévisions du monde entier y participent.
7. Les médias parlent beaucoup de l'évènement.

Guignols
1. Elle a été inventée par un dentiste pour attirer les patients.
2. C'est un théâtre participatif.
3. Une émission de télévision, surtout regardée par les adultes.
4. Les politiciens, les journalistes, les célébrités.
5. Les marionnettes animent un faux journal télévisé.
6. Le public confond les vrais personnages avec leurs marionnettes.

Victor Hugo
1. Il a écrit dans tous les genres.
2. Député et opposant au Second Empire.
3. Il choisit l'exil à la suite du coup d'État de Napoléon III.
4. En 1871, après 20 ans.
5. En 1885, au Panthéon.
6. Il parle des pauvres, des opprimés.
7. Oui, pour sa trop grande éloquence.
8. De nombreux lieux en France portent son nom.

Impressionnistes
1. 1874.
2. Au style classique.
3. La lumière, les scènes d'extérieur, le fugitif.
4. Le Japon est le pays du « soleil levant ».
5. Non, elles ont été très critiquées.
6. L'artiste exprime ses impressions, non la réalité ou des symboles.

Le Monde
1. 1944.
2. 320 000.
3. L'après-midi.
4. Par une société de lecteurs.
5. L'international.
6. Un dessin, une caricature.

Petit Prince
1. Antoine de Saint-Exupéry, aviateur.
2. 1943, durant la seconde guerre mondiale.
3. Dans le désert.
4. Une centaine de millions d'exemplaires vendus dans le monde.
5. Critiquer la guerre, les conflits.
6. Pas nécessairement, il s'adresse aussi aux adultes.

Prix Goncourt
1. 1903.
2. Récompenser un roman.
3. Chaque année, en novembre.
4. Il doit être publié dans l'année, son auteur n'ayant jamais reçu le prix avant.
5. Le jury, qui se réunit une fois par mois.
6. Non, 10 euros seulement.
7. Les livres primés se vendent bien.

Sempé
1. Dessinateur.
2. Depuis les années soixante.
3. L'humain se croit important, mais il n'est que contingent.
4. Il a illustré des couvertures de magazines dans le monde entier.
5. Ses personnages sont toujours les mêmes.
6. Il dit qu'il trouve le monde d'aujourd'hui complexe et moins intéressant.

Tintin
1. Hergé.
2. Dans les années 1930.
3. Journaliste.
4. Un peu naïf mais intrépide.
5. Le capitaine Haddock, le professeur Tournesol, Milou...
6. La série a été vendue à des centaines de millions d'exemplaires.
7. La clarté des dessins, les aventures, le mystère.

Boris Vian
1. Il n'a pas vécu longtemps.
2. Il a créé des œuvres dans de multiples domaines.
3. Les clubs, les cafés de l'après-guerre.
4. La trompette.
5. Jean-Paul Sartre.
6. *Le Déserteur*.
7. À la fin des années 1960.
8. Étranges, oniriques, drôles.

VIE QUOTIDIENNE

Accordéon
1. La France pittoresque, des touristes.
2. Dans les années 1930 et 1940.
3. La fête, les guinguettes, les bals populaires.
4. Il est démodé.

5. Dans de nombreux types de musique, y compris de jazz.

Baguette et béret
1. Fraîche et croustillante.
2. Sous le bras.
3. La casser en deux.
4. Les personnes âgées, les militaires, les écoliers.
5. Béarn.
6. À se protéger des intempéries.

Bricolage
1. Faire les choses soi-même.
2. Il peut faire toutes sortes de choses.
3. Pour devenir autonome, indépendant.
4. Le dimanche, les jours de vacances.
5. Ses outils, son lieu de travail.
6. Compter sur soi-même.

Carotte
1. Un bureau de tabac.
2. On peut garder la fraîcheur du tabac avec un morceau de carotte dans le paquet.
3. Le manque.
4. La vente est réglementée en France.
5. Des timbres, des bonbons, des cartes postales, etc.
6. Non, pas dans les endroits publics.

Chiens et chats
1. 60 millions.
2. Un sur deux.
3. Pour éviter la solitude, pour l'amour des animaux.
4. Produits alimentaires, de beauté, cliniques, etc.
5. Psychologues pour animaux.

Concierge
1. Elle s'occupe de l'immeuble.
2. Parce qu'elle connaît tout le monde.
3. Beaucoup de petits services.
4. Des étrennes, un petit cadeau.
5. À cause des portes à code.

Galanterie
1. Lui rendre hommage, la servir et la protéger.
2. Ouvrir la porte devant une femme, l'aider à passer son manteau, etc.
3. Au Moyen-Âge.
4. L'homme.
5. L'allégeance à la bien-aimée.
6. Comme une distinction chez les hommes.
7. Elle est désuète, etc.
8. Les femmes gagnent le respect des hommes.

Pétanque
1. Placer des boules au plus près du « bouchon ».
2. Trois.
3. Trois.
4. Douze.
5. Le pointeur et le tireur.
6. Treize.

Rentrée
1. L'année civile commence en janvier, l'année scolaire en septembre.
2. En septembre.
3. À la nouveauté : l'école, la classe, etc.

4. De nouveaux livres, discours, statistiques, etc.
5. La fébrilité.
6. Les vacances.

Salutations
1. La correspondance, les contacts directs, le mail.
2. Elles ne sont pas lues, mais leur présence est essentielle.
3. Serrer la main, faire la bise, etc.
4. Le toucher.
5. Avec « vous » et « tu », « madame » ou « mademoiselle ».
6. Avec « bonjour » et « cordialement ».

Tiercé et Loto
1. Sur l'arrivée de chevaux gagnants.
2. En pariant sur les trois premiers arrivés dans l'ordre, dont un « outsider » ou deux.

3. Trois fois.
4. On a les bons numéros.
5. La mer, le sable, l'évasion.

Tour de France
1. Le cyclisme.
2. En juillet, sur trois semaines.
3. Environ 3 000 km.
4. La montagne.
5. Il a un maillot jaune.
6. À Paris, sur les Champs-Élysées.
7. Parce que c'est un long défilé multicolore.

Vacances
1. Parce qu'il existe une législation officielle.
2. Les Français n'aiment pas travailler, mais il faut dire : ils sont attachés à leurs vacances.
3. Depuis le Front Populaire, en 1936.
4. 5 semaines.
5. Le voyage.

CORRIGÉS *POUR FAIRE LE POINT*

ALIMENTATION, GASTRONOMIE
1. Escargots et grenouilles
2. Fromages
3. Truffes
4. Champagne
5. Soupe à l'oignon
6. Vache qui rit
7. Café et croissant
8. Beaujolais nouveau
9. Apéritif
10. Perrier
11. Macarons

CÉLÉBRITÉS
1. Édith Piaf
2. Serge Gainsbourg
3. Les Bleus
4. Abbé Pierre
5. Coco Chanel
6. Catherine Deneuve
7. Yannick Noah
8. Coluche
9. Yves Saint Laurent

HISTOIRE, INSTITUTIONS
1. Académie française
2. Châteaux de la Loire
3. Clocher
4. Marseillaise
5. République
6. Charles de Gaulle
7. Coq
8. Marianne
9. Jeanne d'Arc
10. Légion d'honneur
11. Napoléon

INDUSTRIE, ÉDUCATION, TRAVAIL
1. Cocotte-minute
2. Métro, boulot, dodo
3. Pôle Emploi
4. Tour Eiffel
5. TGV
6. Sécurité sociale
7. Grandes écoles
8. Michelin
9. La Sorbonne

LANGUE, MÉDIAS, CULTURE
1. Prix Goncourt
2. Victor Hugo
3. Impressionnistes
4. Tintin
5. Sempé
6. Dictée
7. Guignols
8. Simone de Beauvoir
9. Festival de Cannes
10. Amélie Poulain
11. Le Monde

VIE QUOTIDIENNE
1. Baguette et béret
2. Galanterie
3. Pétanque
4. Loto
5. Bricolage
6. Rentrée
7. Concierge
8. Tour de France
9. Chiens et chats

INDEX

Crédits photographiques et illustrations

P. 8-9, 10-11, 12-13 : Brice Toul, p.14 : Benelux/Corbis – p.15 : Charles O'Rear/Corbis – p. 16 : Pierre Vauthey/corbis Sygma – p. 17 : Brice Toul, p.18 : Jean-Daniel Sudres/PXP-Gallery – p.19 : Christophe Boisvieux/Hémisphère – p. 20-21 : Brice Toul – p.22 : Brice Toul, p. 23 Paul Taylor/Corbis – p. 24-25, 26-27 Brice Toul, copyright Perrier (DR) – p. 28 : Jean-Daniel Sudres/PXP-Gallery – p. 29, 30-31, 32, copyright Bel (DR) – p. 34-35 : Brice Toul, copyright Evian, Saint-Yorre, Volvic (DR) – p. 38 : Seb Godegroy/FAP – p. 39 : FAP – p. 40 : Hachette – p. 41 : Hachette – p. 42 : Lahalle/Pressesports – p.44 : BCA/Rue-des-Archives – p. 45 : Limot/ Rue-des-Archives – p. 46 : © Lipnitzki/Roger-Viollet – p. 47 : Emmanuel Valentin/Onlyfrance.fr – p. 48 : Aspeguy/sipa – p. 50 : Benainous-Catarina-Legrand/Gamma/Eyedea – p. 52 : Keystone/ Eyedea – p. 53 : Keystone/Eyedea – p. 54 : Jacques Demarthon/Imageforum – p. 55 Jacques Demarthon/AFP – p. 56 Europress/Corbis/Sygma – p. 57 : Imageforum – p. 58 : Norsic/Andia – p. 60 : Martine Franck/Magnum – p. 64 : Antoine Lorgnier/Onlyfrance.fr – p. 65 : stephane/Imageforum – p. 66 : www.asterix.com©2010, Les Éditions Albert René/Goscinny-UDERZO – p. 67 : Hergé/Moulinsart 2009 – p. 68-69 : A.J. Cassaigne/Photononstop – p. 70 : Yann Guichaoua/Hoaqui/Eyedea – p. 71 : Alain.Gesgon/Cirip – p. 72 : Jean-Daniel Sudres/PXP-Gallery – p. 74 : Oulverpictures/Superstock/Sipa – p. 75 : Keystone/Eyedea – p. 76 : © Larousse – p. 77 : © Josse/Larousse – p. 78 : RG Ojeda/RMN – p. 80 : © Roger-Viollet – p. 81 : © Larousse – p. 82 : Ph. Schuller/Signatures – p. 84 : Josse/Leemage – p. 85 : AKG – p. 86 : Jorg P. Anders/RMN – p. 88-89 : Henri Tabarant/PXP-Gallery – p. 92-93 : Photononstop – p. 94 : Brice Toul – p. 96 : Nicolas Tavernier/REA – p. 98 : Imageforum – p. 100 : Mario Fourmy/REA – p. 102 : Zilbering/Andia – p. 103 : Delphine Goldsztejn/Photopqr/Le Parisien/Maxppp – p. 104 © IM/Kharbine-Tapabor – p.105 : Costa/Leemage – p.106 : J.F Monier/Imageforum – p. 108 : BSIP – p. 110-111 : Photorail – p. 112 : Corbis – p. 113 : AKG – p. 114 : Pascal Rossignol/Reuters – p.115 : Pascal Rossignol/Reuters – p. 118 : © Christophel – p. 119 © Christophel – p. 120 : Ulf Andersen/PXP-Gallery – p. 122-123 : Brice Toul – p. 124 : Martine Franck/Magnum – p. 127 : Jacqueline Salmon/Artedia – p. 128 : R.Quadrini/Krimages Presse – p. 130 : Martin Bureau/Imageforum – p. 132 : PVDE/Rue-des-Archives – p. 133 : Canal plus – p. 134 : Josse/Leemage – p. 135 : RMN – p. 136 : E.lessing/AKG – p. 138-139 : Brice Toul – p. 140 : © Éditions Gallimard – p.142 : Rodolf Escher/Fedephoto – p. 144 : Le petit Nicolas, collaboration Sempé et Goscinny, © Éditions Denoël, 1960, 2002 – p. 146-147 : Hergé/Moulinsart 2009 – p. 148 : Keystone – p. 152-153 : Pierre Florat / Fastimage – p. 154-155, 156-157, 158-159, 160-161 : Brice Toul – p. 162-163 : Lapi/Roger-Viollet – p. 164 : Roger-Viollet – p. 165 : Dagli-Orti/Picturedesk – p. 166-167 : Brice Toul – p. 168 : Mauritius/Photonstop – p. 170-171 : Brice Toul – p. 172 : Laurent Dyga/Scoopdyga.com – p. 174 : Michel Birot/Sportattitude/Corbis – p. 176-177 : Bildagentur RM/Tips/ Photononstop

Couverture, maquette intérieure : Encore lui ?
Mise en page : Encore lui ? – Médiamax
Recherche iconographique : Chantal Hannoteau
Cartographie : Lionel Auvergne
Correction typographique : Sarah Billecoq

Pour Hachette Éducation, le principe
est d'utiliser des papiers composés de fibres naturelles,
renouvelables, recyclables, fabriquées à partir de bois
issus de forêts qui adoptent un système
d'aménagement durable.
En outre, Hachette Éducation attend de ses fournisseurs
de papier qu'ils s'inscrivent dans une démarche de
certification environnementale reconnue.

Achevé d' imprimer en Italie par Rotolito Lombarda
Dépôt legal : 09/2011 - Collection n° 20 - Edition n° 02
15/5736/2